# 모차르트와 함께한 내 인생

에릭 엠마뉴엘 슈미트 지음 | 김민정 옮김

옮긴이 · 김민정
서울대학교 불어불문학과를 졸업하고 같은 과 대학원에서 공부하다
프랑스로 건너가 파리 제4대학에서 불문학 석사학위를 받았다.
옮긴 책으로는 『감자일기』, 『송고르왕의 죽음』, 『오스카와 장미할머니』,
『이브라힘 할아버지와 코란에 핀 꽃』, 『살인자의 건강법』,
『공격』, 『아주 긴 일요일의 약혼』 등이 있다.


**모차르트와 함께 한 내 인생**
에릭 엠마뉴엘 슈미트
•
초판 1쇄 발행일   2005년 10월 20일
•
옮긴이 · 김민정
펴낸이 · 김종해
펴낸곳 · 문학세계사

주소 · 서울시 마포구 신수동 345-5(121-110)
대표전화 · 702-1800, 팩시밀리 · 702-0084
이메일 · mail@msp21.co.kr   www.msp21.co.kr
출판등록 · 제21-108호(1979.5.16)
값 12,000원
ISBN 89-7075-350-8   03860
ⓒ문학세계사, 2005

# MA VIE AVEC MOZART

Eric-Emmanuel Schmitt

MA VIE AVEC MOZART
by
Eric-Emmanuel Schmitt

Copyright © Éditions Albin Michel S.A. -Paris 2005
Korean Translation Copyright © Munhak Segye-Sa Publishing Co. 2005
This Korean edition is published by arrangement with Éditions Albin Michel S.A. -Paris
through ShinWon Agency, Paju.

이 책의 한국어판 저작권은 신원 에이전시를 통해
Éditions Albin Michel S.A.와의 독점계약으로 문학세계사에 있습니다.
신저작권법에 의해 한국내에서 보호를 받는 저작물이므로
무단전재 및 복제를 금합니다.

모차르트와 함께한 내 인생

어느 날, 모차르트가 내게 뜻밖의 선물을 보내오면서 우리 두 사람 사이의 '편지 주고받기'가 시작되었습니다.

내 나이 열일곱이던 해의 어느 날, 모차르트는 나한테 음악을 한 곡 보내주었어요. 그 곡이 내 인생을 바꿔놓았습니다. 아니, 그 이상이었지요. 내 목숨을 구해주었으니까요. 모차르트의 음악이 아니었다면, 나는 벌써 저세상 사람이 되었을 겁니다.

그때부터 난 그에게 틈나는 대로 편지를 썼어요. 때로는 작품을 구상하다 생각난 걸 몇 자 적어 보내기도 했고, 때로는 밤을 꼬박 새우며 긴긴 편지를 써 보내기도 했지요. 조명에 붉게 물든 도시를 별 하나 없는 캄캄한 밤하늘이 짓누르고 있을 때면.

편지가 마음에 들면 모차르트는 답장을 보내주었습니다. 연주회에서, 공항 대기실에서, 길모퉁이에서. 늘 놀랍고 늘 뜻밖이기만 한 답

장들을.

　모차르트와 내가 주고받았던 편지들을 한 자리에 모아보았습니다. 모차르트의 '음악 편지'와 나의 '글 편지'를. 모차르트는 음악의 대가일 뿐만 아니라, 지혜의 대가이기도 했습니다. 내게 귀하디귀한 것들을 가르쳐줬지요. 놀라움과 즐거움과 평온함, 그리고 기쁨을······.

　우리 두 사람 사이를 두고 '우정'이라는 말을 해도 될까요? 내가 그에게 느끼는 건 사랑과 감사의 마음입니다.

　그는 뭐라고 할지······.

열일곱 살 때, 난 산다는 게 지긋지긋했어요. 그렇게 어렸으니 자기가 폭삭 늙었다고 생각할 수 있었겠지요…….

나를 단단히 붙잡아준 그 손이 없었다면 난 자살의 구렁텅이로 굴러 떨어졌을 겁니다. 죽음은 너무나 매혹적이고 평온한 자태로 나를 유혹하고 있었어요. 나는 남몰래 그 비밀 함정 속으로 파고들어가 내 고통에 끝장을 내버리고 싶었습니다.

열일곱 살에는 무엇 때문에 괴로워할까요?

바로 그것 때문이지요. 열일곱 살이라는 것. 아이도 아니고 어른도 아닌 상태, 강 한가운데서 헤엄치고 있는 처지라는 것 때문에. 이쪽 기슭에선 이미 떠나버렸는데 저쪽 기슭은 아직도 멀기만 하고, 물을 바가지로 마셔가며 가라앉고 또 떠오르고, 새롭게 변한 몸, 아직 그 진가를 발휘해본 적이 없는 몸으로 물살과 맞서 싸워야 하니까요. 혼자서. 숨가쁘게.

　힘겨웠어요, 내 열일곱 살 시절은. 험난했지요. 현실이 문을 툭툭 두드리더니 성큼성큼 들어와서 떡하니 자리를 잡고 환상을 다 때려잡더군요. 어렸을 적엔 장래희망도 참 가지가지였고(비행기 조종사며 경찰관이며 마술사며 소방수며 수의사며 자동차 정비공이며 영국의 왕자 등등), 나중에 어떤 모습으로 변할지 맘껏 상상할 수도 있었고(큰 키에 마른 몸매? 어깨가 떡 벌어진 근육질 몸매? 호리호리하고 우아한 몸매?), 이런저런 재주가 빼어난 사람이 되리라고 꿈꿀 수도 있었고(수학이든 음악이든 무용이든 그림이든 목공일이든), 또 말주변도 좋고 운동도 잘하고 여자까지 줄줄 따르는 남자가 된 모습을 그려볼 수도 있었어요. 한마디로 사방팔방으로 상상의 날개를 휘젓고 다닐 수 있었지요. 아직 '현실감각'이라는 게 없었으니까요. 세상은 그 얼마나 아름다운지요, 현실을 보지 못하는 눈에는……. 열일곱 살, 그때부터 내 활동영역은 형편없이 좁아지기 시작했습니다. 가능성이라는 것들은 전쟁터에서 총을 맞은 병사들처럼 풀썩풀썩 쓰러져버렸죠. 시체더미. 대학살. 난 '꿈의 묘지'에서 어슬렁거리는 수밖에 없었어요.

동시에 낯선 몸 하나가 윤곽을 드러내기 시작했습니다. 그게 내 몸이었어요. 나는 거울을 통해 그 '증식현상'을 지켜보았습니다. 기겁을 한 채. 털…… '정말 한심하군! 내 살갗이 얼마나 매끈하고 보들보들했는데……. 어떻게 이런 일이 있을 수 있지? 엉덩이…… '너무 평퍼짐한 거 아냐? 성기…… '이 정도면 잘생긴 걸까? 괜찮은 걸까? 억세고 길쭉한 두 손, 어머니는 '피아니스트의 손'이라 하고 아버지는 '교살자의 손'이라 하는(제발 둘 중의 하나로 합의를 보시라니까요!) 바로 그 손……. 그리고 거대한 두 발……. 난 목욕탕에 들어앉기만 하면 몇 시간이고 물을 철철 틀어놓은 채 거울 속에 나타난 재난을 바라보고 또 바라보았습니다. '생뚱맞아 보여도 할 수 없어. 이 몸을 잘 기억해둬야 해. 앞으로 남자로서 모든 걸 이 몸을 가지고 해내야 하니까. 달리고 유혹하고 입맞추고 사랑하고 하는 모든 것들을…….' 하지만 거울을 들여다보면 볼수록 의심이 새록새록 솟아났습니다. 당연한 일이었지요. '괜찮은 걸까? 내가 정말 제대로 된 도구를 갖추고 있는 걸까?

몸뿐만 아니라 내 정신상태도 이상해지기 시작했는데…… 난 어느새 '죽음공포증'에 시달리고 있었어요. 어릴 적 모두가 잠든 한밤중에 이불 속에서 언뜻언뜻 느꼈던 공포, 문득 죽을지도 모른다는 생각이 들면서 혼자 침대의 쇠창살을 부여잡고 어둠 속에 우두커니 일어나 앉아 있을 때 느꼈던 그런 공포와는 차원이 달랐습니다. 그렇고말고요, 그런 순간적인 공포, 불만 밝히면 금세 사그라지는 그런 공포가 아니었어요. 지속적이고 무겁고 본질적인 불안감, 만성적인 고통이었죠.

내 고환과 근육은 새로이 솟구치는 힘으로 탱탱해져 가고 있었지만, 이렇듯 내 몸은 한창 나이의 젊은이답게 새로운 모습으로 변해가고 있었지만, 나는 불길한 생각에 사로잡혀 있었습니다. 언젠가 땅속에 묻힐 몸뚱이가 바로 이 몸뚱이라는 생각에. 내 시체가 어떤 모습을 하고 있을지가 분명해지고 있었던 겁니다. 나는 끝을 향해 나아가고 있었어요. 내 발로 내 무덤을 파고 있는 셈이었죠. 인생의 끄트머리에 있는 죽음이 내겐 인생의 목표처럼 보였어요.

나는 인생의 의미를 꿰뚫었다고 생각했습니다. 그건 바로 죽음이었어요.

인생의 의미가 죽음에 있다고 생각하는 사람에게 산다는 건 무의미해 보이기 마련입니다. 스스로를 한순간 활발히 움직이고 말 분자들의 덩어리라고 생각하는 사람이 무슨 맛으로 살아가겠습니까? 뭐 하러 아무 가치도 없는 인생에 가치를 부여하겠습니까? 뭐 하러 죽으려고 사는 인생에 매달리겠습니까?

　내게 세상은 매력이라곤 털끝만큼도 없는 것이 되어버렸습니다. 아무 맛도 냄새도 나지 않는 종이음식처럼. 나는 이렇게 스스로 허무주의자가 되었습니다. 무無를 숭배하는 종교의 신참내기 신도가 되었죠. 주위에서 일어나는 일들이 차츰 현실감을 잃어갔습니다. 모든 게 그림자로 느껴질 뿐이었어요. 살과 피로 이루어진 몸뚱이? 환영일 뿐이야……. 새하얀 이를 드러내 보이며 방긋 웃는 저 입술? 결국 한 줌의 먼지로 변해버릴걸……. 고함 잘 지르고 말썽 잘 부리는 반 친구들? 저 매끈한 피부도 시체가 되면……. 나는 친구들의 살갗 너머 해골을 투시했습니다. 그 병적인 '엑스선 촬영'은 상대를 가리지 않고 계속됐어요. 제아무리 통통한 여자애가 내 앞에 서 있어도 난 그 애의 해골바가지부터 떠올리곤 했지요. 머리카락조차도 역겹게 느껴졌어요. 메마른 뱀, 음란한 뱀처럼. 머리카락이 자체적인 생명력을 갖고 있어서 죽은 사람의 머리에서도 계속 자라난다는 걸 알고 있었기 때문이죠.

인생, 이 짧고 덧없는 코미디를 나는 하루빨리 집어치우고 싶었습니다.

그래서 열일곱 살 소년의 온힘을 다 바쳐 절망에 빠졌습니다. 열이 나고 몸이 떨리고 맥박이 빨라지는 가운데 숨통이 막혀오면서 정신이 아득해져 실신하는 일이 잦아졌습니다. 몸이 피해야 할 그 모든 고통을 절망 때문에 고스란히 견뎌내고 있었지요.

양호실을 제집 드나들듯 하다 보니 수업을 제대로 받을 수가 없더군요. 결국 선생님들이 부모님께 사실을 알렸지요.

부모님께선 나를 이 병원 저 병원으로 데리고 다니셨습니다. 하지만 나는 의사 선생님들 앞에 앉기만 하면 싹 다 나아버린 척했어요. 이것저것 물어보는 게 귀찮았으니까요. 선생님들이 어디가 아프냐고 아무리 물어봐도 입을 꼭 다물고 있었죠.

그러니 아무도 무슨 영문인지 모를 수밖에요. 사람들이 물어볼 때마다 그렇게 침묵을 지켰던 건 나 혼자 세상의 무거운 짐을 짊어지겠다고 마음먹었기 때문이었습니다. '세상의 비밀을 깨우쳤다고 해서, 이 세상이 죽음으로 병들어가고 있다는 것을, 그리고 모든 것이 허울일 뿐이라는 것을 알고 있다 해서(세상에 그런 걸 알고 있는 사람은

나 하나뿐인 것 같았어요) 그걸 세상에 알릴 필요가 있을까? 그 사실을 모른 채 순진무구하게 살아가고 있는 사람들을 그 비극적인 사실에 눈뜨게 해주는 게 무슨 득이 될까? 내가 괴로우니까 다른 사람들도 괴로워하라고? 난 그렇게 잔인한 짓은 못해…….' 나는 그 끔찍한 사실을 혼자 알고 있기로 했습니다. 다른 사람들이 그 진실에 오염되지 않기를 바라는 마음뿐이었지요……. 다들 인생이 아름답다고 믿는 게 좋을 것 같았습니다. 비록 나는 진실을 알고 있다 해도……. 명철한 논리로 무장한 나는 '허무주의교'의 순교자가 되기로 마음먹었습니다. '절대적인 무의미'에 대해 누설하는 건 있을 수 없는 일이었지요. 정신의 변두리 지역인 '절망 동네'에 살고 있는 사람들은 다른 좋은 동네에 살고 있는 사람들을 부러워하지 않습니다. 그런 사람들이 있다는 걸 잊어버리거나 딴 세상에 사는 사람들처럼 여기곤 하죠.

  하지만 열이 난다고 다 죽는 것도 아니고(순식간에 사십 도까지 올라간다 해도), 땀이 난다고 다 죽는 것도 아니었어요(아무리 불안하다 해도).

  몸이 나를 도와주지 않는 만큼 내가 몸이 사라질 수 있게 돕는 수밖에 없었죠.

나는 자살을 실행에 옮겨야겠다고 생각했습니다.

몇 시간씩 욕실에 들어앉아 목욕을 하면서 이미 생각해둔 방법이 있었어요. 바로 '세네카식 자살'이었죠. 나는 구체적인 절차를 정했습니다. '일단 욕조에 거품을 가득 푼 다음 그 안에 몸을 숨기고 들어앉아 날카롭게 벼린 칼로 동맥을 끊어야지. 그러면 서서히 피가 흘러나오면서 내 인생은 푸른 물 속으로 가라앉는 거야. 고통으로 가득한 이 땅을 고통 없이 떠나는 거지.' 아직 사랑을 해본 적이 없던 내게 그 순간은 관능적인 혼수상태가 될 것 같았습니다. 드라큘라의 입맞춤처럼, 여자들을 기절시키는 바로 그 입맞춤처럼, 감미로운 절정의 순간이…….

하지만 벌거숭이로 사람들한테 발견된다고 생각하니 난처하더군요. 막 새롭게 남자로 태어난 이 몸, 아무도 본 적 없고 안아준 적 없고 입맞춘 적 없는 이 몸을 남들이 보고 만진다는 건 생각도 하기 싫었어요. 숫총각의 수줍음 때문에 내 계획은 실행에 옮겨지지 못하고 있었습니다.

그렇긴 해도 상태가 워낙 좋지 않았던 만큼 조만간 수줍음 따윈 다 벗어던지고 해방의 날을 맛보게 될 게 틀림없었죠…….

그러던 어느 오후 나는 리옹 오페라단의 리허설 장면을 구경하러 가게 되었습니다. 음악 선생님께서 음악을 좋아하는 몇몇 학생들을 위해 마음을 써준 것이었지요.

극장 안으로 들어서자마자 내 눈에 띄었던 건 거죽이 벗겨져 나간 좌석과 벨벳 커튼 주름 사이로 낀 먼지와 습기에 벽지가 떨어져나가고 곰팡이가 슨 벽이었습니다. 대대적인 수리 한 번 없이 한 세기를 버텨온 낡은 극장은 세상에 대해서 내가 생각하고 있는 것들을 집약적으로 보여주는 듯했어요. 어디를 봐도 쇠락의 징조만 눈에 띌 뿐이었죠.

리허설이 시작되었습니다. 무대 앞 오케스트라 박스에서 피아노 소리가 들려오는 가운데 감독이 한 떼의 부하들을 이끌고 가수들을 지휘하느라 애를 먹고 있었어요. 노랫소리. 고함소리. 다시 노랫소리. 다시 고함소리. 리허설은 더디게 진행되었어요. 좀 지루하긴 했지만 아무 상관없었죠. 어차피 내겐 모든 게 다 지루했으니까요.

이윽고 웬 아주머니가 무대 위로 올라왔습니다. 너무나 뚱뚱한 몸. 너무나 두터운 화장. 너무나 어설픈 동작. 허둥대는 모습이 어쩌다 육지로 떠밀려온 고래 같았어요. 무대에서 실수할까 봐 몹시 겁을 집어

먹고 있더군요.

"창문 쪽에서 시녀한테 다가갔다가 다시 침대로 돌아와요."

감독이 어디로 움직이라고 소리칠 때마다 그녀는 머뭇머뭇 발걸음을 옮기고, 주춤주춤 되돌아오고, 더듬더듬 기댈 곳을 찾다 포기하곤 했습니다. 그럴수록 자신감은 더 없어지는 듯했지만, 그래도 그녀는 자기가 도저히 해낼 수 없는 우아하고 날렵한 동작을 해내려고 거듭거듭 애를 쓰고 있었지요.

의상도 아주머니를 힘들게 하는 데 한몫 하고 있었습니다. 무대 위에 드리워진 이중 커튼 속에 어쩌다 실수로 말려들어간 게 아닐까 하는 생각이 들 지경이었으니까요. 그 무겁고 주름진 인간 포장은 거대한 나비매듭 리본으로 마무리지어져 있었습니다. 터무니없이 큰 나비매듭이었죠. 나라면 그걸로 뭐든 다 만들 수 있을 것 같더군요. 배든 침대든 소파든…….

통통하고 조그만 두 손, 어설픈 몸동작, 뻣뻣한 의상, 번들거리는 화장, 반질반질한 곱슬머리 가발, 이 모든 게 아주머니를 거대한 못난이 인형처럼 보이게 하고 있었어요.

"수고했어요, 이제 노래로 넘어가죠." 감독은 지쳤는지 힘없는 목소리로 지시하더군요.

이윽고 그녀가 노래를 부르기 시작했습니다.

그러자, 별안간, 상황이 확 달라졌어요.

> CD-1
> 오페라 《피가로의 결혼(Le Noces di Figaro)》, K.492
> 제3막, 백작부인의 아리아
> 〈어디로 갔나, 그 아름답던 시절은(Dove sono i bei momenti)〉

어느 순간, 아주머니는 아름다운 여인으로 변해 있었습니다. 그 작은 입에서 흘러나오는 맑고 찬란한 목소리가 그 커다란 극장을 가득 메우고 있었지요. 소리는 텅 빈 객석들 사이 어둑어둑한 통로를 지나 우리들 위로 날아다니고 있었습니다. 공기처럼 가볍게, 끝없이 이어지는 숨결에 실려.

우리의 여가수는 꼼짝 않고 선 채 찬란한 빛을 내뿜으며 몸을 통해 목소리가 저절로 떨려 나오게 하고 있었어요. 몸 자체가 살로 만들어진 악기였지요. 그녀의 음색이 그렇게 부드럽고 감미로운 건 출렁이는 가슴과 살진 어깨와 토실토실한 뺨, 그리고 그 푸짐한 허리 덕분이었습니다. 어머니답게 풍요롭기 그지없는 허리, 노랫소리만큼이나 어여쁜 아이들을 줄줄이 낳을 수 있을 것 같은 그 허리 덕분이었지요.

문득 시간이 멈춰버렸습니다.

세상에서 가장 여자다운 한 여자가 바로 내 눈앞에서 부르는 노래에 난 매혹된 채, 매달린 채, 꼼짝도 하지 않았습니다. 노래가 날 휘감건 감싸건 뒤집어엎건 끌고 가건 어루만지건…… 난 그 숨결과, 그녀의 숨결과 하나가 되었습니다. 그녀의 입, 그녀의 허리에 찰싹 붙어 있게 되었지요. 그녀는 나를 맘대로 다뤘습니다. 나는 순순히 따랐어요. 그것도 행복에 겨워.

Do-ve so-no i be-i momenti
Di dolce—zza e di pia-cer…

내가 노랫말을 알아들었느냐구요? 잘은 몰라도 여인은 행복을, 내가 잃어버린 행복을 노래하고 있었습니다. 두 연인이 사랑을 나누던 시절의 행복, 지금은 사라져버린 그 기쁨을. 행복이 사라졌다고 노래하면서 실제로는 우리를 행복하게 해주고 있었죠.

음악을 통해 우리는 사랑을 나눴습니다.

힘이 솟아올랐습니다. 삶의 기쁨도. 그래요, 극장 안 가득 아름다움이, 세상의 온갖 아름다움이 넘쳐흐르고 있었어요. 눈앞에 아름다움이란 선물이 가득 쌓여 있었죠.

우리의 소프라노 가수가 노래를 멈추자 노래만큼이나 감동적인 침묵이 흘렀습니다. 모차르트 특유의 침묵이…….

이어지는 일들은 통 기억이 나질 않는군요.

생각나는 건 바로 그 순간 내가 완전히 나아버렸다는 것뿐입니다.

절망이여 안녕! 우울증도 안녕! 정말이지 난 살고 싶었습니다. 그렇게 귀하고 풍요롭고 강렬한 것이 있는 이 세상은 살맛 나는 곳이었으니까요.

병이 나았다는 증거로 나는 안달을 내기 시작했습니다.

'언제쯤 이 노래를 다시 들을 수 있을까? 다음엔 엄마 아빠를 졸라서 정식공연을 보러 와야지.'

그리고 병이 나았다는 두번째 증거로 난 안절부절못하게 되었습니다.

'지구상에 존재하는 아름다운 음악들을 다 듣고 죽을 수 있을까? 도대체 몇 곡이나 놓치게 될까? 지금처럼 건강해서 한 아흔 살까지 산다면 몰라도, 그렇지 않으면…….'

불과 몇 분 전만 해도 동맥을 끊으려던 사춘기 소년이 이런 생각을 하다니. 모차르트가 내 목숨을 구해준 겁니다. 이 세상이 그토록 아름다운 음악을 들을 수 있는 곳인 이상, 절대 떠날 마음이 들지 않는 법이니까요. 이 땅이 그토록 탐스런 열매가, 아름다운 음악열매가 열리는 곳인 이상, 절대 등질 마음이 나지 않는 법이니까요.

아름다움을 통한 치유…… 얼마나 멋진 심리치료법인지요.

모차르트가 그 방법을 생각해내서 나를 치료해주었습니다.

종달새가 하늘을 향해 날듯 나는 어둠을 헤치고 푸른 하늘로 솟아올랐어요.

그리고 종종 그곳으로 다시 날아오르곤 했죠.

## 모차르트 형에게

이렇게 해서 형은 내 인생에 들어오게 됐어. 하지만 그때 형과 내가 처음 만난 건 아냐. 가끔 마주치긴 하지만 자세히 얼굴을 들여다본 적 없는 사이랄까, 형은 내게 낯설지도 않지만 딱히 낯익지도 않은 그런 존재였지. 제대로 인사를 나눠본 적 없는 이웃사람처럼.

집에 있는 음반이며 라디오 덕분에 난 옛날 옛적부터 형을 알고 있었어. 무용수였던 어머니가 공연에서 형의 발레 모음곡 〈레 프티 리엥〉에 맞춰 춤을 출 때면 짧은 두 박자 곡 가보트며 마지막 세 박자 곡 파스피에를 나도 모르게 따라 흥얼거리곤 했지. 또 아홉 살 때부터 피아노를 배웠기 때문에 형의 피아노곡도 제법 알고 있었어. 형을 만났을 땐 소나타를 배우는 중이었지. 그런데 왜 뒤늦게 그 아리아만 귀에 쏙 들어온 걸까?

그런데, 난 다른 사람들도 '선택적 청각장애 증후군'을 앓고 있다는 걸 금세 알아차렸어. 리허설을 구경하고 일주일 뒤에 식구들이랑 〈피가로의 결혼〉 정식공연을 보러 갔을 때였지. 백작부인의 아리아를 들으면서 나는 다시 그 우아함에 푹 빠져버렸어. 눈물을 줄줄 흘리면서 어머니와 누나를 돌아봤는데, 나만큼 감격해하는 것 같지는 않더라고. 막간에 나한테 얘기하길 별로 감동적이지 않대. 소프라노가 목소리 하나는 정말 곱지만, 백작부인 역을 맡기에는 적합하지 않다나. 너무 뚱뚱해서 말이야.

"그래도 노래가 너무 좋잖아요, 엄마! 노래 말이에요! 제대로 듣기는 하신 거예요?"

"난 케루비노의 아리아가 더 좋던데."

내 귀에는 케루비노의 아리아가 들리지도 않았는데.

위대한 예술적 체험이란 이렇게 꼬이고 꼬인 길을 따라가는 건가 봐. 혼란스럽고 특이한 체험, 특정한 사람들을 위한 엘리트적인 체험인 것 같아. 어떤 사람들한테는 찬란한 계시의 순간이 될 수도 있고, 다른 사람들한테는 지루하기 짝이 없는 순간이 될 수도 있고.

모차르트 형, 난 형한테 홀딱 반해버렸어.

누군가에게 '홀딱 반한다'는 건 예술에 있어서나 사랑에 있어서나 참 신비로운 현상이야.

　꼭 '첫눈에' 홀딱 반하게 되는 건 아닌 건 같아. 이미 알고 있던 사람이 새롭게 보이는 경우가 더 많으니까.

　그건 '발견' 이라기보다는 '계시' 가 아닐까.

　무엇에 대한 계시? 과거? 현재? 아니, 미래에 대한 계시…….

　미래에 대한 예감이거든, 누군가에게 홀딱 반한다는 건…… 순식간에 시간이 주름잡혀 찌그러지면서 미래가 확 솟구치는 거지. 시간여행이라고나 할까, 하지만 과거로의 여행이 아니라 미래로의 여행이지. '앞으로 저 사람을 어마어마하게 사랑할 거야.' 이게 바로 '홀딱 반한다' 는 거지. 격렬하고 감동적이며 아름다운 모든 순간들을 그 누군가와 함께하게 되리라는 걸 깨닫는 거.

　형이 편지를, 그러니까 음악 편지를 보내왔을 때 나도 확신하게 됐어. 형과 내가 오래도록 아름다운 우정을 만들어 가리라는 걸. 평생토록 형이 나와 함께하고 나를 따라다니며 이끌어 주리라는 걸. 나를 위로하고 웃게 해주리라는 걸.

　내 말이 맞지? 난 형을 믿어.

　또 만나.

## 모차르트 형에게

새가 지저귀는 건 슬퍼서일까, 기뻐서일까? 사는 게 좋아서 그러는 걸까, 아니면 암컷이 그리워서 그러는 걸까? 노랫소리는 참 신비로워……

형이 내게 그 아름다움을 가르쳐줬어.

## 모차르트 형에게

내 초상화를 보내줘서 고마워.
불행히도 그 노랜 바로 내 이야기이던걸.
난 스무 살이나 먹었는데도 나보다 훨씬 어린 케루비노보다 하나도 더 나을 게 없지 뭐야.

    난 모르겠네. 내가 깨어 있는지 꿈을 꾸고 있는지,
    녹아내리고 있는지 불타고 있는지 얼어붙고 있는지.
    지나가는 여자든 스쳐가는 여자든
    여자만 보면 가슴이 두근거리니.

난 끊임없이 뭔지 모를 욕망에 시달리고 있어. 여자만 지나가면 피가 끓어오르고 고개가 절로 돌아간다니까. 그래봤자 보이는 건 나처럼 팔팔한, 기름칠이 잘된 '바람개비들' 뿐이지만.

> CD-2
> 오페라 《피가로의 결혼》, K.492
> 제1막, 케루비노의 아리아
> 〈난 모르겠네, 내 자신을(Non so più cosa son)〉

나비처럼 가볍게 나풀대며 눈에 띄는 꽃마다 꿀을 따고 싶어하는 케루비노, 바람 따라 떠도는 케루비노, 저도 모를 변덕에 이끌려 제멋대로 나대는 케루비노를 보자마자, '바로 나로구나' 하는 생각이 들더군. 충동적이고 성질 급한 케루비노, 자기가 누군지 모른다면서 제 자신을 너무나 잘 드러내는 케루비노…….

케루비노는 또박또박 이야기하지 않아. 중얼거리고 더듬거리고 아무렇게나 툭툭 내뱉지. 그래서 케루비노의 노랫가락은 리듬과 강약이 계속 바뀌며 겨우겨우 이어져나가. 그 '떨림'은 바로 존재의 떨림, 사춘기의 음악적인 떨림일 거야.

제 욕구가 밖으로 드러날 기회만 호시탐탐 노리고 있는 이 자기중

심적인 소년은, 한참 성적인 욕구에 이끌리고 있는 이 사춘기 소년은 자신을 알기 위해 전력투구하는 중이야. 노래 속 케루비노처럼 나도 열정적인 면과 사색적인 면을 둘 다 갖고 있어. 나도 케루비노처럼 둘 사이를 숨가쁘게 오락가락하고 있다고.

몸과 마음이 이끄는 대로 따르기만 할 뿐 그 둘을 제어할 수가 없어. 내 안에서, 나를 통해서, 나 없이도 이루어지는 그 움직임들……. 그런데 그게 바로 나야.

불안정하게 굽이치며 계속 끊어졌다 이어지는 오케스트라의 반주에서 나는 내 모습을 봤어. 열정적인 노래를 떠받치고 있는 반주에서. 마치 목소리를 실어 나르는 파도 같았지…….

노랫말 중에 들리는 건 한 단어뿐이었어. 데지오! 욕망을 뜻하는 데지오! 이 욕망이 케루비노를 밤낮으로 들쑤시며 무작정 앞으로 달려 나가게 하는 거야. 쉼 없이.

어느 결엔가 꿈이 열정을 이기고, 케루비노는 자연에 제 불안한 속내를 털어놓지. '하늘에게, 들판에게, 꽃들에게, 나무들에게, 풀들에게, 떡갈나무에게, 바람에게, 샘물에게' 사랑을 이야기해.

하지만 꿈은 깨지게 마련이지. 결국 감정이 격해질 대로 격해진 케루비노는 제 불안을 드러내고 말아. 침묵으로, 느린 노래로.
그리고 배짱 좋게 고백하지.

아무도 내 말을 듣지 않는다면
내 자신과 사랑 이야기를 하는 수밖에.

용감무쌍하기도 하지. 아무도 저한테 관심을 보이지 않으니까, 사정은 급한데 상대는 없으니까 혼자 욕망을 발산하겠다는 거 아냐…….

형 덕분에 나 혼자만 그런 게 아니라는 걸 알았어. 나를 닮은 외톨이가 여럿이라는 사실을 알았다고 해서 내가 덜 외로워지는 건 아니지만…….

오페라가 완전히 막을 내릴 때까지 케루비노에겐 아무 일도 일어나지 않아. 나도 마찬가지였어. 정말이지 형은 위로가 안 된다니까.

형은 어때? 몇 살 때 거울에 비친 제 입술에 입맞추는 걸 그만둔 거야?

앙심 같은 건 품지 않을게.
또 만나.

*추신. 성별이 뭐야, 케루비노는? 연극이든 오페라든 소년 역은 여자가 맡게 되어 있지. 하지만 케루비노의 경우는 '성별 바꾸기'가 거기서 그치지 않잖아. 나중에 수잔나가 케루비노를 여자로 변장시키는 장면이 나오니까. 그러니 관객은 아주 특이한 경우를 보는 셈이지. 여자로 변장한 남자 역을 맡은 여자라…….
케루비노는 과연 누굴까?
케루비노는 변장을 거듭하며 욕망하는 존재와 그 대상으로서의 모습을 다 갖게 돼. 욕망의 주체인 동시에 욕망의 대상이 된다고. 누구든, 그러니까 여자 동성애자든 남자 양성애자든 남자 동성애자든, 케루비노에게서 제 모습을 발견할 수 있을 거야. 자신과 남을 동시에 보여주는 괴물이 바로 케루비노니까. 모든 사람의 특성을 다 지니고 있는 케루비노, 자기모순에 시달리는 어린아이, 우리의 무의식을 닮은 괴물, 온갖 다양한 충동들의 저장고…….
케루비노 혹은 욕망의 갖가지 모습들……. 케루비노 혹은 불안한 관능…….

케루비노는 자기가 누군지 어디에 있는지 어디로 가는지 몰라. 하지만 이 한 가지는 확실하지. 어디론가 가고 있다는 거!

나도 마찬가지야.

## 모차르트 형에게

드디어 이 동생이 남자가 됐다는 걸 알려주려고 펜을 들었어. 사랑을 갈망하는 처지에서 벗어나 실제로 사랑을 하게 됐다고.

스물하고도 두 살이나 되어서야 소원을 이루다니. 전기를 읽어봐서 아는데 형도 그렇게 늦됐다며? 그러고 보니 우린 닮은 데가 있네. 하필이면 왜 늦된 면만 닮았는지 모르겠지만.

우린 다른 면에서는 그렇게 일찍 철이 들었으면서 사랑에 있어서는 왜 그렇게 철부지였을까? 난, 남을 너무 두려워했어. 사실은 내 자신이 훨씬 더 두려웠지만.

형은?

우리가 사랑에 있어서 그렇게 늑장을 부렸던 건 몸 말고 다른 걸로 쉽게 남들의 마음을 얻을 수 있었기 때문일까? 형은 음악으로, 나는 글로(물론 형하고 비교할 수 없는 수준이긴 하지만)······.

어쨌든 드디어 해냈어. 기분이 죽여줘. 고마워.

또 만나.

## 모차르트 형에게

고백하는데, 요 몇 년 동안 형한테 편지를 한 줄도 쓰지 않았어.
몇 년이냐고?
아마 십 년쯤 됐을 거야. 이제 내 나이가 꽉 찬 서른이니까.
형을 잊어버리고 있었냐고?
그랬을 거야. 사실 이십대에 해야 하는 일들로 눈코 뜰 새 없이 바빴거든. 게다가 난 '늦게 배운 도둑'이었으니 더할 수밖에. 간단히 말해서, 케루비노가 돈 지오반니로 변신했던 거지 뭐……. 난 한편으로는 몸뚱이들을, 다른 한편으로는 사상들을 정신없이 쫓아다녔어. 섹스에 대해서나 철학에 대해서나 알고 싶은 게 너무 많았거든. 한마디로 방탕아였지. 툭하면 유혹에 넘어가고 언제나 욕망에 허덕이지만 매여 있기 싫어하고 쉽게 싫증을 내는 방탕아.
그러니까 난 형과 떨어져 있는 동안 오페라 〈돈 지오반니〉만 열심히 흉내내고 있었어. 탐욕과 흉계가 가득한 작품, 삶에 대한 광적인 욕망을 보여주는 작품 〈돈 지오반니〉만.

왜 우리 사이가 그렇게 멀어졌던 걸까?

멀어진 게 아니라…… 사실 내가 형을 멀리했지. 내 잘못이야, 다 내 잘못이라고. 인정해. 혹시 마음 상할지 모르지만, 이유를 말해줄게. 형이 별로 '멋있지' 않았기 때문이야.

우리 같은 지성인 집단에서, 지식에 굶주린 늑대들과 철학도들과 미래의 사회학과 교수들로 가득한 집단에서, 이런 '아방가르드 군단'에서 '난 모차르트가 좋아요'라고 외치는 건 자살행위나 다름없었어. 물론, 남몰래 계속 형을 좋아할 수도 있었겠지만 난 사회적인 압력에 꺾이고 말았지. 따돌림 당하기 싫어서 순응주의자가 됐던 거야. 용감하게 내 자신이 되는 대신 비겁하게도 형을 '내가 좋아하는 것들의 목록'에서 지워버렸지.

그때부터는 형이 우스꽝스럽게만 보이더군. 가발과 리본으로 단장한 사교계의 귀염둥이 모차르트, 늘 즐겁고 단순하기만 한 모차르트, 비단양말과 레이스 달린 셔츠를 좋아하는 경박한 모차르트, 쿠겔 초콜릿 포장지에나 어울리는 모차르트 등등. 당시에 내 입맛을 당겼던 건 좀더 강렬하고 자극적이고 복잡한 것, 소화가 잘 안 되는 것이었어. 한마디로 누구나 다 좋아하지 않는 그런 것 말이야.

용서해줘. 속물같이 굴었던 거. 형은 누구나 — 어린애든 노인네든, 일자무식이든 대학교수든 — 좋아하는 음악가여서 속물들한테 소위 '진정한 예술가'로 인정받지 못하는 거야. 그래서 형이 별로 '멋있어' 보이지 않았어. 모차르트 형, 미안해.

어쨌든 화를 자초한 건 형이야. 형의 장점은 얼마든지 단점으로 비칠 수 있는 것들이거든.

유쾌하고…… 쉽고…… 다정하고…… 이런 칭찬들은 얼마든지 비난이 될 수 있지. 언제든 비난의 화살로 되돌아올 수 있다고. 매력적인 모차르트가 시시한 모차르트로, 친근한 음악이 흔해빠진 음악으로, 소박한 음악이 유치한 음악으로 변모하는 건 시간문제야. 빛 속에서 화려함만 보고, 가벼움 속에서 경박함만 보는 건. 형이 감정을 너무나 생생하게 표현하기 때문에 학교공부에 찌든 머리로는 그 속에 숨겨진 깊이를 짐작할 수 없는 거야. 형의 정신적인 깊이를, 죽음에 대한 그 예민한 감각을.

다행히도 요 며칠 전에 형이 나한테 손짓을 하더군. 늘 그렇듯 뜬금

없이. 난 그 자리에 얼어붙고 말았지.

〈피가로의 결혼〉 공연실황을 녹화한 비디오테이프를 볼 일이 생겼던 거야. 형하고는 아무 상관도 없는 일이었어. 누가 공연한 작품이 잘됐는지 평을 해달라고 웬 신문사 기자가 부탁을 하더군.

난 고향집에 돌아온 듯 감격에 겨워 오페라를 감상하기 시작했어. 조마조마했지. 혹시라도 실망하게 될까 봐. 처음엔 집중해서 보지 않고 이 장면 저 장면 계속 돌려봤어. 하지만 시간이 흐르면서 점점 더 리모콘을 건드리지 않게 되더군. 형의 천재성이 다시 날 압도해버렸거든.

걸작이라는 건 보고 또 봐도 싫증이 나지 않는 작품을 말하지.

홀린 듯 화면을 바라보고 있는데, 4막으로 넘어가면서……

> CD-3
> 오페라 《피가로의 결혼》, K.492
> 제4막, 바르바리나의 카바티나
> 〈잃어버렸네(L' ho perduta)〉

어쩌면 그렇게 번개같이 묘사할 수 있어, 분위기며 감정을?

어쩌면 그렇게 순식간에 다 얘기할 수 있어, 그 많은 걸?

고즈넉하고 몽환적이고 비현실적이기까지 한 바이올린의 선율이 아련한 향수를 자아내며 사람의 마음을 흔들어놓을 때부터 뭔가 사라져버렸구나 하는 생각이 들기 시작해. 나무가 어지러이 우거진 컴컴한 정원을 웬 여자아이가 손전등을 밝혀든 채 허둥지둥 헤매 다니고 있어. 혼자서. 한밤중에. 그것도 울며불며. 도대체 아이에게 무슨 일이 일어난 걸까? 뭔가 잃어버린 것을 찾아 나선 것 같긴 한데……. 노랫말만 듣고는 그게 뭔지 알 수 없어. 어머니나 아버지? 사랑하는 사람? 희망이나 환상? 처녀성? 믿음? 어린 시절? 순진무구함?

그게 뭐든, 이 노래엔 슬픔 그 자체가 담겨 있어. 조금은 소녀다운, 하지만 어마어마한 슬픔이. 가냘픈 목소리가 짤막한 노래에 담아내는 커다란 슬픔……. 초연 때 이 노래를 부른 마리아 안나 고틀리브는 겨우 만 열두 살이었다지…….

노랫가락은 둥글게 둥글게 원을 그리며 뇌리를 맴돌다 끝나고 말아. 제자리를 찾지 못한 채, 한 군데 멈추지 못한 채. 대답을 얻지 못해 허공을 떠도는 물음처럼. 순수한 슬픔, 숨막히는 고통의 소용돌이.

이어지는 장면에서 바르바리나가 찾고 있던 것이 옷핀이라는 게 밝혀져. 핀 하나 때문에 그렇게 슬퍼하다니!

어릴 때 내가 이런저런 일로 슬퍼했던 게 생각나더군. 엄청나게 무지막지하게 온몸이 다 저려올 듯이 슬펐던 게. 지금 같았으면 속눈썹 하나 까딱하지 않았을 일들을 가지고…….

맞아. 어떤 고통이든 고통은 고통이야. 끔찍한 감정, 비교가 불가능한 감정이지. 그 이유가 뭐든. 슬픔을 어떻게 자로 재듯 잴 수 있겠어. 어린아이가 슬퍼하든 어른이 슬퍼하든, 호인이 슬퍼하든 악당이 슬퍼하든 슬픔은 슬픔일 뿐. 옷핀 때문에 절망하는 건 모든 절망에 대한 상징이겠지.

이 짤막한 노래 한 곡이 나를 형한테 다시 데려다주었어. 형의 간결하고 직접적인 음악 속으로 데려다주었지. 마지막 몇 소절을 들을 땐 정말이지 마음이 찢어지는 것 같더군.

형 덕분에 젊은 시절의 병이 떨어져나갔어. 뭐든 복잡하고 무겁게 생각하는 병 말이야. 이 강연 저 강연 쫓아다니는 동안, 이런저런 선언의 의미를 해석하는 동안 난 내 감정이며 생각을 비웃으면서 돋보기며 사전이며 자를 든 채 음악을 감상하고 있었어. 컴퓨터가 나보다 음악을 더 잘 분석할 거라고 생각하면서. 어떤 면에서는 옳은 생각인지도 모르지……. 하지만 형의 카바티나는 음악을 마음으로도 들을 수 있다는 걸 알게 해줬어(컴퓨터에게는 마음이란 게 없지). 그리고 진정한 음악가는 사람들을 감동시키기 위해 작곡을 하지, 실제로 존재하지도 않는 음악사란 것에 이름을 남기기 위해 작곡을 하지 않는다는 것도.

이제껏 형을 피해왔지만(어쩌면 그렇게 피해왔기 때문인지도 몰라), 모차르트 형, 난 다시 형한테 돌아왔어.

이젠 두 번 다시 형을 떠나지 않을게.

또 만나.

## 모차르트 형에게

어제였지.

눈보라가 온 도시를 휩쓸고 있는데, 길모퉁이에서 형이 불쑥 나타나더군. 형 덕분에 얼마나 뜨거운 눈물을 쏟았던지 추운 줄도 몰랐어. 얼굴도 마음도 그 뜨거운 기운에 푹 젖어버렸거든. 지금도 그 감동이 생생하게 느껴져.

크리스마스를 며칠 앞둔 거리는 선물이며 먹을거리를 허겁지겁 사들이는 사람들로 북적대고 있었어. 온갖 알록달록한 쇼핑백들이 부스럭대며 나를 에워싸는데, 마치 내가 왕정복고 시대의 여자로 변신해서 크리놀린스커트를 입고 있는 것 같더라고. 버팀대로 속을 받친 풍성한 치마가 사람들을 가로막아서 차도로 내려서게 만드는 것 같았지.

검푸른 하늘에서 눈송이들이 떨어져 내리고 있었어. 밤바람에 실려, 내릴 듯 말듯 머뭇거리며. 가게 진열창들은 하나같이 조명에 불그레하게 물들어 있는데. 물건을 사들여야 한다는 일념에 나는 신이 찾어서 발이 어는 줄도 모르고 이 가게 저 가게로 부지런히 뛰어다니고 있었지. 계산대 앞에 설 때마다 돈이 모자랄까 봐 전전긍긍하고, 돈이 아직도 많이 남았다고 흐뭇해하고, 혹시라도 선물을 못 받아 기분 상하는 사람이 없도록 파티에 초대한 사람들의 명단을 스무 번도 더 넘게 들여다보면서, 그리고 선물을 받은 사람들이 어떤 표정을 지을까 상상하면서. '벼락치기로 선물사기 대회'란 게 있었다면 내가 일등이었을걸?

　마지막 선물이 쇼핑백 속에 들어앉자마자 난 얼른 택시를 잡아타고 집에 들어갈 생각으로 정류장을 향해 걸었어.

　그때 형이 나타난 거야.

　음악소리가 나기에 뒤돌아섰더니, 합창단이 노래를 하고 있더군.

> CD-4
> **아베 베룸 코르푸스(Ave verum corpus), K. 618**
> **찬양하라, 거룩하신 몸**

그 명상적이고 사색적인 노랫가락에 이끌려 난 그 자리에 얼어붙었어.

눈 때문에 쇼핑백들을 바닥에 내려놓을 수가 없더군. 선물이 젖어버리면 안 되니까. 그래서 난 그 무거운 것들을 팔이 빠지도록, 어깨가 축 처지도록, 손바닥이 벌게지도록 들고 선 채 그곳을 가득 메우고 있던 신비한 음악 속으로 빠져들었지.

이윽고 눈물이 솟구치기 시작하더군. 뜨겁고 짭짤한 눈물이. 닦을 새도 없이 줄줄.

어디서 그 노래를 작곡했어? 그리고 언제? 몇년 몇월에?

난 고개를 들어 앞을 바라보았어.

크리스마스를 며칠 앞둔 성당…….

그전까지 성당 같은 건 눈에 들어오지도 않았는데.

양 옆으로 리옹 구시가지의 낡은 건물들을 거느린 채 생장 성당의 앞마당이 넓게 펼쳐져 있었어. 그리고 그 가운데 장엄하고도 다정한 모습으로 우뚝 선 고딕식 성당. 장미꽃 모양의 둥글둥글한 창문들, 축축 늘어진 꽃 장식들, 벽 틈에 소복이 쌓인 눈. 그때까지 난 성당엔 눈길 한 번 주지 않았어. 성당에선 선물 같은 걸 살 수 없으니까…….

입구의 계단 위에는 합창단원들이 눈을 피해 옹기종기 모여 있더군. 파카와 파카가 부대끼고 코가 벌겋게 얼어가는 가운데 입으로는 연신 허연 김을 내뿜으며. 가까이 다가간 나는 깜짝 놀랐어. 예순은 훨씬 넘어 보이는 거칠고 쭈글쭈글한 얼굴들, 세월에 시달려 강퍅해진 얼굴들에서 어쩌면 그렇게 아름다운 노래가 흘러나왔을까? 비록 할아버지 합창단이긴 했지만, 노랫소리는 막 목욕통에서 빠져나온 아기처럼 동글동글하고 생생하고 부들부들하더라고.

난 악보를 들여다봤어. 볼프강 아마데우스 모차르트 작곡, 〈아베 베룸 코르푸스〉, 즉 〈찬양하라, 거룩하신 몸〉이더군.

또 형이었지.

> 찬양하라 거룩하신 몸
> 동정녀 마리아께 나시고
> 인간을 위해 십자가에 못박히시어
> 진정한 희생을 하셨도다.
> 옆구리의 상처에서
> 그 귀한 피 흘러 넘쳤으니

부디 죽음의 심판 앞에서
　　우리와 고통을 함께하소서.


　난 눈을 들어 성당의 벽면을 찬찬히 훑어보기 시작했어. 이무깃돌이며 성인들의 조각상, 그리고 종탑. 갑자기 시야가 뿌옇게 흐려졌어……. 크리스마스구나……. 형은 우리네 인간이 지금 아주 성스러운 순간을 맞이하고 있다는 걸 알려주었어. 겨울의 한복판, 어둠에 휩쓸려 가지 않을까 추위에 영원히 얼어붙지 않을까 두려운 시절이지만 그래도 12월 20일경이면 낮이 조금씩 길어지면서 곳곳에서 사람들이 동짓날을 축하하지. 빛이 수줍게 고개 내미는 것을, 다시 희망이 싹트는 것을. 집집마다 창가에 밝혀놓은 촛불은 봄을, 난롯불 속에서 불꽃을 튀며 타들어가는 솔방울은 여름을 상징하지.
　바로 그런 순간에 〈아베 베룸 코르푸스〉가 울려 퍼지니, 그 종교적인 의미를 돌이켜보지 않을 수 없더군.
　난 종교적인 인간하곤 거리가 멀지만.
　하지만 끈질기게 머리를 맴도는, 무참할 정도로 아름다운 그 노래 때문에 상황을 비판적으로 돌아볼 수밖에 없더라고. 형이 노래를 통해 캐묻고 있었거든. 왜 크리스마스 파티를 여는데? 왜 그렇게 돈을 뿌려대는데? 내 양심에서 들려오는 대답을 들으니 소름이 끼치더군. 난 아침부터 인심 좋은 사람인 양 돈을 뿌리고 다녔지만, 사실은 자기만족에 빠져 있었을 뿐이었어. 선물로 무마하려고 했던 거야. 한 해 동안 이기적으로 굴었던 것을. 내 전화를 기다리는 사람들에게 전화하지 않았던 것, 남들에게 좀더 많은 시간을 바치지 않았던 것을. 별로 인정미 넘치는 사람도 아닌 주제에 그저 내 마음의 평화를 사는 데 급급했던 거야. 그렇게 미친 듯이 물건을 사들인 건 복음서의 정신에 따르기 위해서가 아니었어. 평판 좋은 사람이 되기 위한 투자에 불과했지. 난 온 세상의 평화를 바라지 않았어. 내 자신의 평화만을 바랐을 뿐.

그런데 형이 깨우쳐주었어. 지금 우리는 사랑을 전파하는 신이 태어난 것을 축하하고 있는 거라고…….

그렇다면, 신을 믿고 안 믿고는 그리 중요한 게 아니겠지. 크리스마스 파티라는 것이 사랑을 찬미하는 자리가 되기만 한다면…….

정신이 번쩍 드는 느낌이더군.

노래가 끝나갈 무렵, 내 선물꾸러미들은 완전히 다른 의미를 갖게 됐어(여전히 무겁게 내 손을 짓누르고 있었지만). 사랑으로 꽉 차 있었지.

노인 합창단이 불러준 그 평온한 노래는 이 세상의 중심이 내가 아니라 인간이라는 것을 가르쳐주었어. 사람이 사람에게 보이는 관심과 연민, 언젠가는 죽고 마는 우리의 처지, 바로 이런 것들이었지. 털모자를 덮어쓴 그 '거북이'들이 생장 성당의 입구에서 노래했던 것은.

몸도 마음도 검게 물드는 겨울밤, 우린 다같이 연약한 인간일 뿐이야. 형이 내게 밝혀주었어. 순수하게 인간적인 세계, 축제와 규칙과 믿음과 약속을 만들어내고 지키는 세계, 목소리와 목소리가 한데 얽히며 아름다운 화음을 만들어내는 세계가 있다는 것을. 서로가 이해하고 뜻을 같이할 때에만, 하나의 목표를 향해 함께 노력하고 기쁨과 슬픔을 서로 나눌 때에만 이런 아름다운 화음을 만들어낼 수 있다는 것을……. 자연, 즉 추위와 어둠에 무너지는 세계 말고 또 다른 세계, 만들어진 세계, 우리네 인간이 만든 세계, 바로 이 세계야, 형이 음악으로 보여주는 세계는. 아니, 차라리 형이 창조한 세계라고 할까?

내가 믿고픈 건 바로 이 세계야. 기독교든 유대교든 종교를 넘어선 바로 이 세계.

  지금으로선 신이 존재하는지 잘 모르겠어. 하지만 형 덕분에 인간이 존재한다는 건 확실히 알게 됐어.

  그리고 존재할 가치가 있다는 것도.

## 모차르트 형에게

인생은 잔인해.

한편으로는 쓰다듬어주는 척하면서 다른 한편으로는 마구 두들겨 패지. 둘 다 견디기 힘든 폭력이야.

우선 내가 형과 같은 대열, 즉 예술가 대열에 합류했다는 소식부터 전할게. 나도 이제 진짜 작가가 됐어. 책이 출간되더니 연극무대에 올려지고 곧이어 여러 나라 말로 번역도 되고……. 한마디로 자고 일어나보니 유명해져 있더군. 미처 그럴 꿈도 꾸기 전에. 나도 이제 펜으로 밥벌이를 할 수 있게 된 거지. 다음 달엔 대학에 사표를 낼 거야. 오 년 동안 철학을 가르쳐왔는데 본격적으로 창작에 매달리려면 그만두는 수밖에 없는 것 같아. 젊고 패기만만한 극작가답게.

호사다마라고 난 이런 행복을 맘껏 누릴 수가 없어. 친구들이 하나둘씩 세상을 떠나고 있거든. 내가 사랑하는 이들이 신종 바이러스에

감염돼서 죽어가고 있다고. 이 바이러스는 사랑을 나눌 때 사람의 몸속으로 들어와서 병에 맞서 싸울 힘을 갉아먹어버려. 이 병에 걸린 사람들은 바이러스 때문에 죽는 게 아니라 면역력이 완전히 없어져버리기 때문에 죽는 거야.

　인간은 몇십 년에 한 번씩 큰 전쟁을 치러어. 우리 세대가 치러야 할 전쟁은 이 바이러스와의 전쟁이야. 과연 우리가 승리의 영광을 거둘 수 있을지……. 대학 졸업 사진에서 벌써 몇 사람의 얼굴을 지웠는지. 서른여섯 살, 한창 나이에 이렇게 유령들한테 둘러싸이다니…….

　이 병에 걸린 친구들이 빨리 숨을 거두거나 하면 좋을 텐데…….

　하지만 의사들은 이 바이러스가 면역체계를 갉아먹는 걸 막지 못한 채 병의 진행만 더디게 만들 뿐이야. 결과? 환자들의 고통만 더 오래가는 거지. 서서히 허약해지고 야위고 대머리가 되고 근육이며 활력이며 지능이 사라져가고. 하루가 다르게 늙은이가 되어가는 모습을 스스로 지켜봐야 하는 고통까지 겪어야 한다고, 오직 죽을 날만 기다리면서. 절망과 불안으로 뒤범벅된 그 많은 시간들…….

　지겨워, 모차르트 형, 지겹다고. 난 병원이라는 곳에 대해 모르는 게 없어. 그곳에서 일어나는 일이라면. 하루 일과, 소독약 냄새, 숨죽인 말소리, 코르크로 밑창을 댄 신발을 신고 이리 뛰고 저리 뛰는 간호사들, 걱정근심으로 양미간에 주름이 진 채 걸음을 재촉하는 의사들, 별 효과도 없는 약품 나부랭이를 잔뜩 실은 은백색 손수레, 병실 문틈으로 간간이 새어나오는 신음소리, 환자를 보기가 두려워 문 앞에 우두커니 서 있기만 하는 식구들……. 난 해거름 때면 더럭 겁이 나곤 해. 환자들이 가장 불안해하는 시간, 환자 곁에 앉아 손을 잡아주고 토닥여주고 이야기를 들려주어야 하는 시간이거든.

병원에서 일어나는 일들은 싫지만 병원은 좋아. 사랑을 나눠줄 수 있는 장소니까.

병원을 나설 때면 그때서야 힘이 쭉 빠지곤 해. 하루 종일 환자를 상대로 이야기하느라 지친 몸을 이끌고 어두컴컴한 아파트 안으로 들어서면 너무나 피곤해서 책을 펼치기도 싫어. 라디오나 텔레비전을 켜고 싶지도 않고. 그래봤자 끔찍한 소식만 줄줄 뱉어낼 테니까. 쉬고 싶지도 않아. 혹시 자리에 눕는 게 두려운 걸까, 환자들과 같은 자세를 취하는 게? 아니면…… 나만 건강하다는 사실이 부끄러운 걸까? 어쨌든 뭣 때문에 그렇게 긴장해서 앉은 채로 밤을 지새우는 걸까? 새벽빛이 뿌옇게 밝아오고 가로등불이 꺼지고 시커멓던 골목길이 회색으로 변하면, 길모퉁이 찻집의 철제문이 느릿느릿 올려지면서 새벽일 나가는 일꾼들이 담배를 한 개비씩 피워 물고 안으로 들어와 카운터에 기대 선 채 쓰디쓴 블랙커피를 홀짝이기 시작하면, 그때서야 난 그 말도 안 되는 불안에서 벗어나 몇 시간 동안 잠들곤 하지.

처방 좀 내려줄래? 이런 증상에 대해서 아는 거 있어? 이 세상에 고통받는 존재가 나 하나만 있는 게 아니라는 건 잘 알고 있지만, 너무 힘들고 맥 빠져서 이렇게 형한테 도움을 청하는 거야.

## 모차르트 형에게

정말 특이했어, 처방치고는! 슬픈 음악을 보내주다니. 그런데 신통하게도 슬픔이 슬픔을 달래주더군.
그리고 음악 배달부도 정말 특이했어! 고물 택시 운전사, 그것도 덩치 큰 흑인 운전사의 모습을 하고 세상에 내려오는 익살맞은 천사가 있는 줄은 몰랐거든.
밤 여덟시쯤 병원에서 나오는데, 비에 젖은 차도 한편에 빈 택시가 세워져 있기에 얼른 올라탔어. 빨리 집에 가고 싶어서가 아니라 지하철을 타기 싫어서였어. 끝없이 이어지는 역들, 이름도 순서도 늘 똑같은 그 역들, 내 슬픔과는 아무 상관없이 요란하게 빛나고 있는 광고전단들, 피곤에 찌든 얼굴을 비추는 잔인한 형광등 불빛, 떡 벌어진 어깨 때문에 도저히 비집고 들어갈 수 없는 옹색한 좌석, 낮 동안 고달프기만 했던 늙은 몸들에서 풍기는 악취……

그러잖아도 옹색한 운전석을 한층 더 비좁아 보이게 하는 역삼각형의 우람한 상체를 내 쪽으로 쑥 내민 아프리카인 운전사는 나긋나긋한 목소리로 음악을 틀어도 되겠느냐고 물어보더군.

"좋은 음악이면 틀어도 돼요." 난 재즈나 레게를 듣게 될 거라고 생각하고 있었어.

"손님 중에 한 분이 두고 내리신 음반인데요."

"상관없어요. 좋을 대로 하세요."

"마음에 들지 않으시면 끌게요."

운전사가 큼지막한 손(운전대 앞 조종 장치들이 다 장난감 같아 보이더군)으로 재생 단추를 누르는 순간, 형이 차에 올라탔어.

> CD-5
> 클라리넷 협주곡 A장조, K.622
> 제2악장 아다지오

현악기의 반주를 타고 하강음계를 따라 내려가며 더없이 부드럽게 고요한 슬픔을 토해내는 클라리넷의 선율……

처음엔 형도 나처럼 슬픈 적이 있었다고, 나만 그런 건 아니라고 말하려는 건 줄 알았어.

하지만 계속 들어보니 그게 아니더군. 클라리넷의 선율은 부드럽고 섬세하긴 했지만 꺾이지도 울적해지지도 않은 채 점점 더 힘차게 노래하며 활짝 피어났어. 슬픔의 새로운 경지. 슬픔의 승화. 형은 인간의 감정으로 음악을 만들어냈어. 슬픔을 아름다움으로 바꾸어놓았지.

나는 좌석의 등받이에 머리를 기댔어. 나도 모르게 눈물이 줄줄 흘러내리고 있었지.

울었어, 마침내. 친구들이 죽어가는 모습을 지켜본 다음부터는 눈물이 말라버렸던 내가.

울었어, 마침내. 그리고 받아들였지.

형 덕분에 받아들일 수 있었어. 그래, 난 그때서야 받아들일 수 있었어.

뭘?

택시에서 내리는 순간, 그런 생각이 들더군. 뭘 받아들였는지는 알 수 없었지만.

집에 들어와서 〈클라리넷 협주곡〉을 듣고 또 들었어. 그게 뭔지 알아내기 위해서.

피할 수 없는 슬픔을 받아들일 것. 존재의 비극성을 인정할 것. 인생에 맞서서 뻗대지 말 것. 다른 인생을 꿈꾸며 시간을 낭비하지 말 것. 어떤 현실이든 그 현실을 받아들일 것. 이게 바로 내가 깨달은 거였지.

형은 내게 '그래'라고 말할 수 있는 지혜를 가르쳐주었어. 참 신통해, 이 '그래'라는 거. 교육이니 사상이니 하나같이 반대하는 자들, '아니'라고 말하는 자들만 강하다는 환상을 심어주고 있지만.

오늘 밤, 난 나 자신을 용서했어.

세상을 바꿀 힘이 없다는 것도, 우리를 파괴하는 자연에 맞서 싸울 수 없다는 것도, 가진 무기라곤 연민밖에 없다는 것도.

오늘 밤, 난 내가 인간이라는 것을 용서했어.

고마워.

## 모차르트 형에게

며칠 전 저녁에 형의 두개골을 검시했다는 고생물학자하고 이야기할 기회가 있었어. 형의 유골이 공동묘혈에서 발굴되어 수백 년 동안 소중하게 간직되어 오다가 최근 유전자 검사를 통해 진짜로 확인되었다는 그의 말에 문득 호기심이 생기더군.

"직접 보시니까 뭐가 다르던가요, 모차르트의 두개골은?"

"두개골은 별로 특별한 데가 없었어요. 그런데…… 에이, 말 안 할래요. 놀라실 것 같아서……."

"뭔데요, 말씀해보세요."

"아뇨, 괜히 기분만 상하실 텐데……."

"말씀해보시라니까요."

"그게 저…… 치아 상태가 말이죠…… 엉망하고도 진창이었어요!"

난 잠시 자리에서 빠져나와 형을 떠올렸어. 아니, 기분이 나쁜 게 아니라 머리가 어질어질하더군.

> CD-6
> 아이네 클라이네 나흐트무지크(Eine kleine Nachtmusik), K.525
> 제4악장 론도 알레그로

어떻게 그토록 가볍고 산뜻하면서도 부드럽고 편안한 음악을 만들 수 있었지? 이는 빠져나갈 듯이 아프고 입에서는 연신 신음이 새어나 오는데?

난 형의 전기를 여러 권 읽었기 때문에 형이 여행과 작곡에 지쳐 날이면 날마다 달이면 달마다 소화불량이며 신장염이며 온갖 병마에 시달렸다는 건 잘 알고 있었어. 하지만 치통이라니…….

문득 형이 아버지에게 보내는 편지에 썼던 말이 떠오르더군. '단 하루도 죽음에 대해 생각하지 않는 날이 없습니다.' 죽음에 대한 강박관념, 끔찍한 치통. 바로 이런 것들 때문에 형은 진정한 기쁨이 뭔지 알 수 있었던 거야. 그건 무지에서 비롯되는 게 아니라 불행에 대한 인식에서, 고통에 대한 반발에서 비롯되는 거니까. 진창 속에서 피어난 연꽃이랄까. 굳은 결심과 의지를 담은 기쁨, 기쁨의 실천이지.

낙천주의의 원리가 바로 이것 아니겠어? 요즘은 낙천주의자를 우습게 보는 경향이 있어. 바보 아니면 좀 철이 덜 든 사람으로 여기기 일쑤지. 학계나 뭐 그런 곳에서는 허무주의자들을 최고의 지성으로 대접하기까지 한다니까. 존재에 침을 뱉는 자들, 심각하게 '쳇!' 만 연발하는 우울한 어릿광대들, '어쨌든 상황은 비극적이야. 모든 게 비극으로 끝날 거라고' 라는 말만 되풀이하는 자들을.

그건 낙천주의와 염세주의가 똑같은 상황에서 생겨난 두 가지 태도라는 걸 모르기 때문이야. 고통, 악, 우리네 인간의 연약함, 그리고 짧디짧은 인생. 염세주의자들은 이런 것들 때문에 무기력에 빠져서 아니라는 말만 연발하며 절망의 늪에 빠지지만, 낙천주의자들은 영차! 하고 바닥을 디디며 수면으로 떠오르지. 구원을 향해. 그렇게 다시 떠오르는 건 자기가 '가볍다' 는 걸 보여주기 위해서가 아니라, 어두운 심연을 헤치고 나와 한낮의 햇볕을 받으며 숨을 쉬기 위해서야.

난 슬픔에 무슨 실용적인 가치가 있는지도 모르겠고, 염세주의에 무슨 철학적인 가치가 있는지도 모르겠어. 웃을 힘이 남아 있는데 뭐

하러 한숨을 쉬지? 절망을 옮기고 비열함을 퍼뜨린다고 무슨 득이 되지? 맞아, 저한테나 남한테나 무슨 득이 되지? 몸으로는 생명을 전하면서 정신으로는 생명을 죽이다니? 쾌락을 통해 생명을 빚어내면서 지성으로는 무를 만들어 내다니?

숭고해, 고통받는 이의 미소는. 한결 따뜻해, 죽어가는 이의 배려는. 가슴이 떨릴 지경이지, 나비의 아름다움은······.

집에 돌아와서 형이 치통 때문에 얼마나 괴로웠을까 생각하다 보니 형의 미사곡을 듣고 싶어지더군. 음악 덕분에 좋은 생각이 많이 떠올랐지.

모차르트 형, 세상이 바뀌었어. 우리도 모르는 사이에 엄청나게 좋아졌지. 형이 살았던 시대와 비교해보면 기술적인 진보만 이루어진 게 아냐. 삶의 질도 더 나아졌어. 여전히 우린 죽음을 피할 수 없지만, 죽음을 거의 잊고 살지. 더 길고 더 편한 삶을 누릴 수 있게 되었으니까. 형은 요람에서 무덤까지 고생만 줄줄이 이어지던 시대에 살았지. 의학이 발달하지 않았던 때라서 의사들은 병을 고칠 수 없었을 뿐 아니라 환자의 고통도 덜어줄 수 없었던 시대에. 어린아이들이 하도 많이 죽어나갔기 때문에 부부들은 아이를 일곱 이상은 가져야 했어. 그래야 그 중에 둘이라도 살아남으니까……. 자식들 중 단 한 명만 어른이 될 때까지 살아남을 거라 생각하고, 사내아이들의 이름을 모두 '요한'이라고 지은 남작도 있었다며? 지난 수천 년 동안 의사들은 사람을 살리는 경우보다 죽이는 일이 더 많았어. 그러잖아도 허약한 환자들이 수술 중에 피를 너무 많이 흘려서, 혹은 소독되지 않은 수술도구 때문에 패혈증에 걸려서 죽는 일이 허다했지.

종교는 어떤 역할을 했을까? 고통에 맞서고 고통을 받아들이고 그리하여 고통을 우리 삶의 한 부분으로 만드는 법을 가르쳐주었지. 미사곡은 언제나 '키리에 엘레이손', 즉 '주여, 불쌍히 여기소서'라는 노랫말로 시작되지. 이윽고 '라우다무스 테, 베네디카무스 테, 아도라무스 테, 글로리피카무스 테' 즉 '주께 찬양과 축복과 경배와 영광을'이라는 노랫말이 이어지지. 고통이 유용한 것이라 믿는 이 오래된 신앙에 대해 의심을 품는 사람들은 그것이 어떤 경험을 통해 생겨났는지 모르는 거야. 모든 사람들에게 나서 죽을 때까지 하루하루가 고통의 연속이었던 시대에 바로 이 신앙이라는 게 생겨났지.

형의 미사곡을 듣다가 갑자기 노랫말에 귀가 쏠리더군. 형이 지어낸 게 아니라 정해져 있는 거지만. 하지만 곰곰이 듣다 보니 형이 왜 미사곡을 그렇게 좋아했는지 알 만했어. '불쌍히 여기소서, 귀 기울여주소서' 이건 바로 연약한 피조물들의 노래, 병들고 불행한 피조물들이 하늘에 바치는 노래 아니겠어…….

요즘은 다들 거리로 몰려나와 불평을 해대지. 화염병을 던지고 소송을 걸고 정부와 관계기관과 회사를 비난하고……. 그럴 수밖에 없어. 인간사회의 문제들 중 대부분이 우리네 인간에게서 비롯되는 거니까. 하지만 부작용도 만만치 않아. 기도를 하기보다는 씩씩거리며 분해하고 명상에 잠기기보다는 투덜거리며 불평하고. 한마디로 어떤 것도 사랑하지 않게 되는 거지.

사람들은 더 이상 '할렐루야!' 라고 외치지 않아, 이제 더 이상……. 요즘은 진짜로 '환호작약' 하는 소리를 들을 수가 없어. 포르노 영화 제작사의 후시녹음실에서 간간이 들려오는 헐떡임이라면 모를까……. 더 이상 환호작약하는 사람이 없어, 모차르트 형, 기껏해야 섹스파티나 벌이면서 괴성이나 질러대지(그런 소리가 많이 들리는 영화가 잘 팔려).

인간은 제 운명을 스스로 개척한다고 소매를 걷어붙이고 나선 다음부터(잘된 일이긴 해) 제 자신만 믿게 되었어. 결과? 세상이 좀더

공정하고 안전해진 것 같긴 해. 하지만 사람들은 더 이상 기쁨이나 슬픔을 함께 나누지 않아.

형, 형은 독특한 지혜를 가르쳐주었어. 고통을 받아들이면서 삶의 기쁨을 누릴 수 있는 지혜, 죽음을 슬퍼하면서 삶을 찬미할 수 있는 지혜를.

오늘 밤, 형 덕분에 행복의 원천을 되찾을 수 있었어. 그 오래된 지혜를. 진실에 대한 사랑에서, 즉 있는 그대로의 현실에 대한 사랑에서 비롯된 지혜를.

## 모차르트 형에게

불행이 닥쳤어.

오늘, 난, 사랑하는 여인을 잃었어. 그 여인은 저세상 사람이 되고 말았어.

내가 쓰다듬고 입맞췄던 몸, 때로 으스러져라 껴안곤 했던 그 몸도 곧 땅속에서 산산이 흩어지고 말겠지.

어떤 게 더 황당하고 비현실적인지 모르겠어. 그녀가 죽었다는 사실인지, 내가 살아 있다는 사실인지.

게다가 그런 생각을 하고 있을 짬도 없어. 다른 사람들(아픈 사람들이나 아프지 않은 사람들이나)이 내 도움을 기다리고 있거든.

다행이야. 형이 옆에 있어줘서. 내가 마음을 터놓을 수 있는 상대는 형의 음악뿐이니까.

## 모차르트 형에게

오늘은 그녀의 기일이야.

일 년 전 오늘, 난 사랑하는 여인을 잃었지.

열두 달이 지났지만 변한 건 없어. 난 오늘도 백치처럼 우두커니 무덤가에 서 있었어. 아무 말 없이. 눈물이 말라버린 눈을 하고. 멍하니 입을 벌린 채. 텅 빈 손을 축 늘어뜨리고. 그녀를 붙잡지 못했다는 사실에 새삼 놀라면서…….

그녀는 우리가 함께했던 추억마저 무덤 속으로 가져가고 말았어. 오로지 저 혼자만 갖고 있겠다는 듯이. 이제 난 그 추억에 다가갈 수가 없어. 기억나는 건 그녀와 연애를 시작하기 전, 그러니까 그녀와 친구였던 시절하고, 그녀와 헤어진 후 다시 친구 사이로 돌아갔던 시절뿐이야. 서로 사랑했던 육 년 간의 추억은 그녀와 함께 사라지고 말았어.

사랑하는 사람을 잃은 고통에서 벗어날 수 있을까?

"고통에 익숙해질 수는 있지만 고통에서 벗어날 순 없어." 친구 하나가 말하더군.

그렇겠지. 하지만 고통에 익숙해지려면 일단 고통스럽기나 해야 하잖아. 그런데 난 감정의 일부가 긁히고 찢겨서 완전히 떨어져나갔는지 고통스럽지도 않아.

친구는 말을 이었어. "괜찮아질 거야, 사람은 보기보다 강하거든. 시간이 지나면 그녀와의 추억을 떠올리는 일이 점점 줄어들 거야."

물론, 그럴 수만 있다면 얼마나 좋겠어. 하지만 난 지금도 그녀와의 추억이 기억나지 않는걸. 슬픔에 잠겨서든 기쁨에 겨워서든, 아니면 분해서든 그리워서든 우울해서든, 상관없어, 조금이라도 그 기억을 떠올릴 수만 있다면…….

그녀의 이름이 떠오를 때마다 내 안이 온통 캄캄해져버려. 양심에 정전이 일어나기라도 한 듯이. 그래서 난 그녀의 친구들을 피해 다니지. 그녀 이야기가 나올 때마다 내 안에 정전이 일어날까봐. 그래서 난 외톨이가 돼버렸어. 내 자신조차도 나랑 함께 있지 않아.

"언젠가는 그녀의 죽음을 받아들이게 될 거야……."

어떻게? 여전히 난 변한 게 없는데.

부탁해, 모차르트 형, 날 좀 도와줘.

내 과거를 되살릴 방법, 내 과거에 다가갈 수 있는 방법을 알려줘. 내 인생의 한 부분이 망각의 늪에 빠져버렸어. 행복하고 철없고 순진무구했던 그 시절, 나에게나 그녀에게나 즐겁기만 했던 그 시절이. 허무가 승리를 거두지 않도록 날 도와줘.

## 모차르트 형에게

고마워.
감정을 수술하는 외과의사야, 형은. 숙련된 솜씨로 날 수술해줬지. 덕분에 마음이 한결 편해졌어.
한 악장만으로 수술이 끝났지? 바이올린 협주곡 3번의 제2악장만으로…….
일요일이어서 난 한가롭게 텔레비전을 보고 있었어. 웬 연주회가 재방송되고 있더군. 처음엔 시끌벅적하기만 하더니(자신감 없는 음악가들이 꼭 그런 음악을 만들더라고), 곧 형의 음악이 들려오더군. 형이 스무 살도 되기 전에 만든 곡이었지. 사실, 1악장은 좀 귀에 거슬리더군. 파리 스타일로 가발에 분가루 뿌리고 레이스로 장식해서 잔뜩 꾸며놓은 것 같았지.
그러다 느린 악장으로 넘어갔어. 오케스트라가 연주를 시작했지.

노래하기 전에 목청을 가다듬듯이, 스케치하듯이, 연습하듯이. 이번에도 별것 아니겠거니 생각했지. 그때, 바이올린의 부드러운 선율이 끼어들더군. 머뭇머뭇. 가볍게 음을 짚어가면서. 현 위에 날개를 포개듯. 그러다 갑자기 앞으로 나서며 제 소리를 내기 시작했지. 떨리면서도 감동적인 소리를. 풍만하면서도 가냘픈 소리를.

> CD-7
> 바이올린 협주곡 3번 G장조, K.216
> 제2악장 아다지오

뒤죽박죽이 된 머릿속에서 분명한 사실 하나가 떠올랐어.

내가 듣고 있는 건 악기 소리가 아니라, 영혼의 울림이라는 사실이. 세상의 잡다한 소음 위로 맑게 울려 퍼지는 어린아이의 목소리. 그녀였어. 내가 사랑했던 여인이 정다운 얼굴로 내게 다가오고 있었어. 눈을 반짝이며. 다정하게 나를 바라보는 그녀. 마침내 우리가 다시 만나는 순간이었어.

바이올린 소리는 그녀의 가장 아름다운 미소처럼 팽팽히 당겨지고 활짝 열린 채 높이, 더 높이 올라가고 있었어. 끝도 없이…….

 형 덕분에 기억을 되찾았어. 형의 음악 덕분에 그녀를 떠올릴 수 있었어. 형의 바이올린 소리가 그녀의 존재를, 그 찬란한 빛을 내게 돌려주었어.

 오케스트라의 연주를 통해서 난 '마음극장'의 공연을 다시 볼 수 있었어. 형의 꼭두각시인 악기들 너머로 내 마음속 인물들이 살아 움직이는 것을 보았지. 형이 보여준 음악적 상징들 덕분에 난 내 역사를 되살릴 수 ― 껴안을 수 ― 있었어.

 고마워, 이제 난 더 이상 둘로 쪼개진 인간이 아니야. 형이 날 온전한 하나의 인간으로 되돌려놨어.

## 모차르트 형에게

내가 형의 오페라 대본작가가 된 거 알아? 형이 세상을 떠난 지 이백 년이 훨씬 지나서야 형을 위해 일을 하게 되다니.

난 〈피가로의 결혼〉을 프랑스어로 옮기고 있어. 한 눈으로는 보마르셰의 동명희곡(다 폰테는 이 작품을 바탕으로 대본을 썼다지?)을, 다른 한 눈으로는 악보를 흘끔거리면서, 연필은 아예 입에 문 채 지우개와 운율 사전은 언제든 쓸 수 있게 손닿는 데 놔둔 그런 상태로, 그러니까 한마디로 불편하기 그지없는 상태로 아침마다 두 시간씩 작업에 매달리고 있지.

형이 〈피가로의 결혼〉을 이탈리아어에 맞춰 작곡했으니 그 작품은 이탈리아어로 듣는 게 제격이겠지만, 그러면 이곳 프랑스에서 누가 알아듣겠어? 그것도 말이 아니라 노랜데? 그리고 그나마도 18세기 베네치아 사투리인데?

콩피에뉴 오페라단의 총지휘자 피에르 주르당이 나를 찾아와서 형의 작품을 프랑스 관객들이 쉽게 볼 수 있도록 만들어보자고 했을 때, 난 복음이라도 들은 기분이었어. 형한테 진 빚을 갚을 절호의 기회였지. 난 '좋아요!'를 연발했어. 좋아요, 모차르트를 더욱더 대중적으로 만들어봅시다! 좋아요, 모차르트가 음악의 천재일 뿐 아니라 연극의 천재라는 걸 보여줍시다!

막상 시작하고 보니 걸림돌이 한두 가지가 아니야. 이렇게 엄청난 일일 줄이야. 이탈리아어 노랫말의 의미를 꼼꼼하게 살피고, 각운이 어떤 식으로 맞춰져 있는지 파악하고, 노래의 리듬에 잘 맞아 떨어지는 프랑스어를 찾아 옮기고, 그 결과 새로 만들어진 노래가 부르기 좋고 들을 만한지 확인하고 등등. 간단히 말해 연극과 음악과 수학과 번역과 시 쓰기를 동시에 해내야 한다는 거지.

이런 엄청난 일을 해내는 데 필요한 참을성은 천재인 형과 자주 만나면서 이미 길러두었지. 요리사도 대가 밑에 있어야 실력이 느는 거 아니겠어? 하늘나라에서 구름의자 위에 앉아 있으니 칭찬을 듣고 싶어서 귀가 근질거리지? 그럼 똑바로 앉아서 귀를 한 번 기울여봐.

연극의 대가답게 형은 등장인물한테 기회를 고루 나눠줄 줄 알아.

어떤 인물에 대해서건 판단을 내리기보다는 그와 함께 느끼며 그가 스스로 숨을 쉴 수 있게 해주지. 피가로일 땐 정직하고 백작일 땐 탐욕스럽고 쉬잔일 땐 명랑하고 백작부인일 땐 울적하고. 케루비노가 뛰어들 땐 뻔뻔하고, 바르톨로가 예언할 땐 어색하고, 바르바리나가 핀을 찾아 헤맬 땐 어린아이 같고. 이렇게 온갖 종류의 인간을 자유자재로 그려내지. 생김새나 성별이나 나이나 피부색에 상관없이. 돈 지오반니든 돈나 엘비라든. 가해자든 피해자든. 한순간도 가해자를 가해자로만 그리지 않고 피해자를 피해자로만 그리지 않는 것을 보면 형은 인간이 얼마나 복잡다단한 존재인지를 잘 알고 있는 것 같아. 그래서 형의 오페라를 보는 사람들은 자신과 딴판인 등장인물들을 아주 친근하게 느끼곤 하지. 형은 누구든지 이웃사촌으로 만드는 재주가 있어.

형은 연극이 '단절과 불연속의 예술' 이라는 걸 알고 있어. 끊임없이 리듬과 템포를 바꾸곤 하잖아? 여기선 빠르게 저기선 느리게, 잠시 멈추나 했더니 더 힘차게 시작하고. 제 생각만 하는 사람은 연극에선 성공할 수 없어. 제 말에 취한 작가나 제 음악에 빠진 작곡가는 무대에서 실패한다고. 등장인물들에게 귀를 기울이지 않고 제 말만 들으니까. 재주가 아무리 많아도 제멋에 겨워 날뛰다 보면 중요한 걸 놓치게 되거든. 등장인물들의 마음이 어떤지, 그들이 어떤 속도로 달려야 하며 언제쯤 쉬어야 하는지, 그들이 어떤 삶을 살고 어떤 돌발 상황이 벌어질 수 있는지 등등을. 형, 형은 음악가의 귀에 연출가의 눈까지 갖고 있어. 형의 음악은 등장인물들이 언제 들고 나야 하는지 정해주고, 그들의 사소한 몸짓 하나하나를 돋보이게 해주고, 감정을 이끌어내. 한마디로 인물들의 행동을 창조해내지. 방해하거나 쫓아다니는 대신. 여러 시대에 걸쳐 음악가들은 오페라의 중심이 어디에 있어야 하는지에 대해 고민하곤 했어. 음악이 먼저냐 말이 먼저냐? 쓸데없는 고민 말라며 형이 대답하지. 연극이 먼저라고!

   음악보다 연극에, 문학보다 연극에 중심을 두기…… 작가나 작곡가들 중에 그런 식으로 두각을 드러낸 사람은 별로 없지. 그러니 무대에 올릴 만한 작품이 드물 수밖에…….

   형만큼 '목소리를 위해서' 작곡한 사람도 없을 거야. 형의 아리아를 부르다 성대가 파열된 성악가는 없잖아. 오히려 음악학교 선생들은 목을 혹사한 가수들한테 모차르트의 곡을 부르라고 권한대. 엄마 젖처럼 목을 부드럽게 달래줄 거라면서.

하지만 형의 아리아는 결코 부르기 쉬운 노래가 아니야. 고도로 숙련된 성악가들만 부를 수 있지. 우레 같은 목소리, 기네스북에 오를 만한 목소리, 오케스트라의 반주보다 더 큰 목소리를 내는 가수들, 그러니까 기교보다 힘을 내세우는 가수들은 형의 아리아를 두려워하며 피하기 일쑤야. 역도선수더러 줄타기를 하라는 거나 다름없거든. 그 '데시벨 높이기' 선수들은 자기가 이어야 할 때 끊어야 할 때를 무시하고 음역을 제멋대로 건너뜰 수 있다는 걸 알고 있어. 하긴 그렇게 엉성하게 흉내내기만 해도 일단 그 유명한 '하이 C' 만 터지면 얼마든지 박수갈채를 받을 수 있으니까. 모차르트 형, 형의 노래는 하늘이 내린 목소리 하나만 믿는 '우량아' 들, 기교를 갈고 닦지 않는 그런 가수들에게는 걸맞지 않아. 형의 노래를 소화하려면 '운동선수' 나 '차력사' 가 아닌 '기교의 달인' 이어야 해.

목소리가 클 필요는 없어. 아름다운 목소리, 그 자체로 악기가 될 수 있는 목소리여야 하지. 모차르트적인 목소리란 낭랑하고 부드럽고 유연한 목소리, 비명을 지르든 말을 하든 한결같은 목소리, '클라리넷' 같은 목소리, 스스로를 제어해서 선율이 될 수 있는 목소리지. 형의 노래를 부를 때 목소리에 너무 두드러진 특징이나 색채가 있어선 안 돼. 음악적인 표현도 삼가야지. 감정은 악절의 굽이굽이를 따라가다 보면 저절로 나타나게 되어 있으니까. 그냥 그렇게, 아무 예고도 없이, 별일 아니라는 듯.

'별일 아니라는 듯', 바로 이게 형의 음악을 잘 표현한 말일걸. 형은 별일 아니라는 듯 수많은 인물들을 창조해내고 복잡하기 짝이 없는 음악을 만들어냈지. 얼마나 많은 노력을 기울였는지 절대 드러내지 않고. 재능을 물 푸듯 퍼내고 있다는 느낌만 남겼지.

> CD-8
> 오페라 《코지 판 투테(Cosi fan tutte)》, K.588
> 제1막, 삼중창 〈부디 바람이 잠잠하길(Soave sia il vento)〉

〈피가로의 결혼〉에 시달려 쉬고 싶을 때 종종 듣던 음악이 이 〈코지 판 투테〉의 삼중창인데, 이 곡을 들으면서 형의 음악이 얼마나 '단도직입적'인지 알게 됐어.

어둠이 내리고 밤바람이 일기 시작하는 가운데, 두 여자와 한 남자가 나폴리 만에서 점점 멀어져가는 배를 향해 손을 흔들고 있어. 노랫말을 볼까? '바람이 잠잠하기를, 물결이 잔잔하기를, 모든 것이 우리의 욕망을 거스르지 않기를.' 편안하고 기분 좋은 여행이 되기를 바라는 마음.

단 삼 분(배가 수평선 너머 한 점이 될 때까지 걸리는 시간이지) 만에 이별의 정수가 솟아나지. 어떤 이별일까? 전쟁터로 떠나는 연인과의 이별, 지금 이 행복과의 이별, 영원히 함께하겠다는 꿈과의 이별, 그리고 순수함이며 진지함과의 이별이기도 하지. 곧 속임수며 계략이 줄줄이 이어질 테니까. 어쨌든 뭔가 본질적인 것이 멀어져가고 있는 것만은 분명해.

잔잔한 바이올린의 선율이 돛을 살랑거리는 바람이며 뱃전에 출렁이는 물결(비탄에 잠긴 심장이 뛰는 소리이기도 하겠지)을 그려내고 나면 노래가 시작되지. 나란히 손잡고 선 두 여자와 따로 떨어져 선 한 남자. 그들의 노래는 얼핏 듣기엔 부드럽고 관능적이지만 한 가닥 불안을 숨기고 있어. '욕망'이라는 말이 끈덕지게 되풀이되고 있잖아. 그 모호한 말이. 불안한 욕망일까, 평온한 기원일까? 순수해 보이는 기원 뒤에 감춰져 있는 열정…… 파도처럼 솟아오르고 가라앉기를 거듭하는 둘 사이의 긴장…… 불안과 동시에 느껴지는 평온함⋯⋯. 노래는 소란도 침묵도 아닌 상태로 평온함에 대한 열망을 보여주고 있지. 세상이 지금 그대로 유지되길, 보이는 것이 모두 그대로이길, 파도도 바람도 일지 말길, 그리고 연인의 열정이 다른 곳을 향하지 않길⋯⋯. 비극적인 건, 진짜 비극적인 건 이 이별의 장면에서 어쩐지⋯⋯ 그들의 기원이 빗나갈 것 같은 예감이 든다는 거지. 파도가 잔잔하기를, 바람이 잠잠하기를 기원하면서 그들은 제 마음이 평온하기를 바라고 있는 거야. 그들이 애타게 바라는 건 제 마음의 평화와 휴식, 고뇌가 없는 상태, 불가능한 상태지⋯⋯.

생기 넘치면서도 나른하고 그윽하면서도 슬픈 세 목소리는 각자 희망을 이야기하며 뒤얽히다가 조금씩 조금씩 스스로를 버리고 하나의 목소리, 하나의 열망이 되지.

달리 뭘 어쩌겠어?

노래가 끝나면 주위는 완전히 어두워져 있어.

단 삼 분 만에 형은 이 모든 걸 다 보여주었어. 아니, 그 이상을.

꼭 흐느끼는 목소리라야 슬픔을 표현할 수 있는 게 아니라는 것을, 감정은 목소리의 굽이굽이를 따라가다 보면 저절로 나타나게 되어 있다는 것을. 과장하기보다는 절제해야 한다는 것을. 가만히 있어도 일단 오케스트라의 트레몰로 연주에 실리기만 하면 목소리는 저절로 눈물에 젖어드는 법이니까. 커다랗게 뜬 눈에서 눈물이 흘러내리듯…….

 이런 게 바로 예술적 승화지. 형의 노래를 부르려면 성량이 풍부하기보다는 음색이 고와야 해. 기교가 정확하면서도 울림이 있어야 하고. 가사를 떨치고 악기의 음색으로 변하는 목소리여야 하지. 그래야 인간의 영혼을 투명하게 비춰낼 수 있으니까. 형은 뭐든 원래보다 더 아름답게 만들어. 아니, 형 덕분에 우리가 그것들을 더 아름답게 볼 수 있어. 터너가 바다를 보여주듯 미켈란젤로가 근육질의 육체를 보여주듯, 형은 감정을 있는 그대로 보여주지. 강렬하면서도 모호한 그대로.

 '복잡성'의 대가야, 형은. 너무나 정확하게 인간 존재를 이루는 상반되는 특징들과 그것들 사이의 긴장을 끄집어내거든.

 흐리멍덩한 사람한테는 모든 게 흐리멍덩하게 보이지만, 똑똑한 사람한테는 모든 게 똑똑히 보이는 법이지. 자신이 모르는 것조차도. 그러니, 찬란하게 빛나는 지성일수록 미지의 것을 두려워할 수밖에.

모차르트 형에게

원래부터 제 재능에 도취해 있었던 데다 노래가 몇 곡 성공하면서 완전히 정신이 나가버린 웬 유행가 가수가 어제 텔레비전에 나와서는 하얗고 반질반질한 그랜드피아노를 쓰다듬으며 이렇게 말하더군. "난 모차르트가 썼던 음들로만 노래를 만들어요."

웃기지? 황소 뒷발로 쥐잡기라더니. 맞아, 조그만 뇌를 감추려고 힘껏 머리를 부풀려 빨갛게 물들인 그 작자가 아주 잘 짚어내긴 했어. 형처럼 딱 일곱 가지 음으로만 노래를 만든다는 거.

하지만, 그 작자한테선 그게 뻔히 들리지…….

## 모차르트 형에게

베케트를 넘어서 어떤 연극을 만들 것인가? 누보로망을 넘어서 어떤 소설을 쓸 것인가? 철학이 해체된 지금, 어떻게 철학을 할 것인가?

월요일 저녁에 학회에 갔다가 깜짝 놀랐어. 제기된 문제가 '오늘날 어떻게 창작을 할 것인가? 아직도 창작이 가능한가?' 였거든.

잠시 꿈이라도 꾸는 것 같더군. 옛날 생각이 나서 말이야. 15년 전에도 바로 이런 장면이 펼쳐졌었거든. 그때 난 그 이름도 자랑스러운 '그랑제콜'의 패기만만한 신입생이었지. 윌름 거리에 있는 '파리 고등 사범학교'는 수많은 작가들이 거쳐 간 지성의 전당이었어. 페기며 로맹 롤랑이며 알랭이며 쥘 로맹이며 베르그송이며 지로두며 사르트르며 셍고르며 푸코며 레비-스트로스 등등. 순진해서 그랬는지 뭔가 오해가 있었는지는 몰라도 난 이 대열에 끼기로 결심했어. 이 명예로운 학문의 전당은 작가들을 양성하는 곳이 틀림없다고 생각하면서.

사실은 성적이 뛰어난 학생들을 엄선해서 교수로 만들어내는 곳이었는데 말이야. 나와 똑같은 착각에 빠져 있던 동기 녀석들은 스무 살짜리의 배짱으로 뻔뻔하게 외쳐댔어. 작가가 되겠노라고. 그리고 저마다 작품을 구상하곤 했지. 결혼하면 아이는 셋을 갖고 애인도 하나 두어야지, 그리고 파리에다 아파트를 하나 장만하고 뤼베롱에는 수영장 딸린 호화별장을 하나 얻어야지, 하는 식으로. 장래의 대작을 완성하기 위해 책상 앞에서 글을 쓰는 대신, 녀석들은 툭하면 카페나 기숙사에 모여 뻐끔뻐끔 담배를 피며 논쟁을 벌였어.

"베케트를 넘어서 어떤 연극을 만들 것인가? 누보로망을 넘어서 어떤 소설을 쓸 것인가? 철학이 해체된 지금, 어떻게 철학을 할 것인가?"

결국은 스스로에게 이렇게 묻는 거였어. 모든 것이 죽어버린 지금, 어떻게 살아갈 것인가? 어디에 우리의 나무를 심을 것인가? 선배들이 자랑스럽게 몽땅 갈아엎고 불태워버린 마당에? 음흉하면서도 논리적인 귀결에 따라 질문은 이렇게 바뀌었지. 아직도 태울 것이 남아 있는가? 지필 불은? 얌전하고 똑똑한 이 젊은이들은, 최고의 교육만을 받아온 이 수재들은, 머리를 얌전히 빗어 넘긴 이 우등생들은 혁명을 꿈꾸고 있었거든. '단절' 이야말로 지성을 증명하는 것이니만큼 녀석들은 '존재'를 반박하거나 포기하는 수밖에 없었어. 역사란 그런 거라고 배워왔으니까. 선배들이 연극과 소설과 철학을 끝장내버렸다는 걸 알게 된 녀석들은, 양심적이고 타협적이던 녀석들은 어떤 걸 파괴할까 고민하다 찾지 못해 괴로워하곤 했지.

그때 난 녀석들을 지켜보며 몰래 웃곤 했어.

'모차르트를 봐! 전통을 부수려 하지 말고 일단 따라야지!'

이렇게 말하고 싶기도 했지.

'모차르트를 봐! 파괴하는 대신 새로 세웠잖아.'

하지만 난 말을 아꼈어.

'모차르트를 보라고! 흉내내고 모방하면서 준비를 해가는 거야. 할 말이 생겼을 때 쓸 수 있도록.'

녀석들이 새로운 문법이니 기발한 문장이니 전대미문의 구조에 대해 떠드는 걸 들을 때면 나도 모르게 이런 생각이 들었지.

'모차르트를 봐! 모차르트는 음악계에 혁명이나 혁신을 일으키지 않고도 독창적이고 특별한 음악을 만들어냈잖아. 어릴 때부터 아버지 손에 끌려 독일이며 프랑스며 이탈리아며 영국 등 온 유럽을 다 돌아다니며 음악을 배웠던 모차르트는, 호기심 많았던 모차르트는 뛰어난 작곡가를 만날 때마다 그만의 특성을 받아들이고 삼키고 소화해서 결국 '모차르트'로 만들어버렸지.'

한평생 우리 인간은 자신을 찾아 헤매지. 때로는 남들에게서. 하지만 결국 찾고 보면 그건 제 안에 있던 것일 뿐.

모차르트 형…… 형이야말로 각자의 마음속에 잠겨 있는 문을 열 수 있는 비밀열쇠라는 생각이 들더군. 난 소심하기 짝이 없는 젊은이였지만 그래도 한 가지는 확신하고 있었어. 입을 꾹 다물고 있어도 나만의 작품을 만들 수 있다는 것, 내 마음속 문을 박차고 나올 수 있다는 거였지. 난 계속 글을 써야 작가가 될 수 있다고 스스로 다짐하고 있었어. 대학공부를 하던 시절에도, 그 후 대학에서 철학을 가르치던 시절에도 한 시간씩 한 시간씩, 한 페이지씩 한 페이지씩 펜 끝을 따라 나 자신을 찾아가고 있었지.

지금 동기 녀석들은 변호사며 대사며 장관이 됐어. 하지만 아무도 문학을 하진 않아. 가끔 책을 내기는 해도. 그러고 보면 그 녀석들한텐 '모차르트'가 없어서 그래. 내겐 어제나 오늘이나 모차르트란 이름이 계속 세상에 맞서 싸울 힘을 주고 있지만 말이야.

모차르트 혹은 어떻게 자기 자신이 될 것인가……. 형, 형은 그러기 위해 갖은 고생을 다했지. 형의 아버지는 형에게 어릴 때부터 남다르고 철두철미한 음악교육을 받게 해주었지만, 그건 형을 그저 월급이나 잘 받는 궁정음악가로 키우기 위해서였어. 시종으로 키우려 한 거지, 천재음악가가 아니라. 형이 오늘의 '모차르트'가 되리라는 걸 몰랐던 거야. 하긴 그걸 어떻게 알 수 있었겠어? 차츰차츰 형의 아버지는 형의 음악적인 욕구에 귀를 기울이지 않게 돼. 형이 어떤 경지에 이르고자 하는지 몰랐으니까. 아버지와 아들은 서로 점점 멀어져가지. 아버지가 돌아가셨을 때 장례식에도 가지 않고 〈디베르티멘토〉를 작곡했다며? 유행만 쫓는 실력 없는 작곡가들의 음악을 이것저것 흉내내서 이어 붙이다니, 돌아가신 아버지를 놀려주려고 그런 거야? 아버지의 뜻에 따랐다면 형이 창조력을 제대로 발휘할 수 있었을까? 아버지의 품을 빠져 나와 자유롭고 독립적인 음악가(그런 음악가는 형이 처음이었지)가 되어 주문을 받으러 쫓아다니지 않았다면? 식구들을 먹여 살리고 마음에 드는 옷을 사 입고 아이들을 공부시키고 사랑하는 아내 콘스탄체에게 선물을 사 주기 위해 돈이 필요하지 않았다면?

모차르트 형, 이 세상에는 콜로레도 같은 자들이 수두룩해……. 꿈에도 듣기 싫을 그 이름을 들먹여서 미안해. 잘츠부르크의 대주교였던 그 콜로레도라는 자는 형을 줄곧 하인 취급하다 형의 이런저런 요구에 싫증이 나자 제 시종을 시켜 형을 문밖으로 차내고 말았지. 지금도 마찬가지라니까. 이 세상을 쥐고 흔드는 건 항상 콜로레도들이야. 사방에 콜로레도들이 우글댄다고! 재능은 없고 '로비'만 잘하는 예술가들에게 돈을 대주는 콜로레도. 호기심이라곤 털끝만큼도 없으면서 예술에서 뭐가 중요하고 중요하지 않은지만 알아가지고 거창하고 엄숙하게 펜을 놀려 칭찬과 비난을 나눠주는 콜로레도. 교양 있는 척하는 자들이 으레 그렇듯 시대에 뒤떨어진 교양만 가지고 있으면서 시대의 창조자들을 알아보지 못하는 비평가 콜로레도. 작품이 얼마나 팔리는가에 따라 예술성을 판단하는 장사꾼 콜로레도. 대중적인 건 무조건 나쁘다고 생각하는 속물이자 속물의 적 콜로레도. 옆 사람 눈치나 흘끔거리며 가슴보다는 머리로 작품을 감상하는 콜로레도.

요즘 난 잘난 체하는 머저리나 인간미 없는 공무원을 볼 때면 마음속으로 그 작자의 이마빼기에 '콜로레도'라고 씌어진 딱지를 붙이고 '모차르트'라고 중얼거려. 형이 마귀를 물리치는 부적이라도 되는 것처럼.

내 비밀열쇠였던 형은 이제 내 행운의 부적이 됐어. 앞으론 나와의 '만남'이 되어줬으면 해.

난 단순하고 친근한 예술, 매혹적이면서도 당혹스러운 예술, 그런 예술적 경지에서 형을 만나고 싶어. 형이 그랬듯이, 나도 지식이니 교양이니 기교니 솜씨니 하는 것들은 자연스럽고 친근한 겉모습에 완전히 녹아들어야 한다고 생각해. 무엇보다 사람들의 마음을 끌어야겠지. 하지만 아첨해선 안 되겠지. 남들이 다 쓰는 방법에 의지하거나 뻔한 감정에 호소해서도 안 되고. 저 높은 곳을 향해 가야지, 천박하게 굽실거리지 말고. 마음을 끈다는 건, 흥미를 불러일으키고 관심을 끌고 이목을 집중시키고 기쁘게 하고 감정을 이끌어내는 것, 웃음과 눈물과 전율을 이끌어내는 것, 먼 곳으로, 다른 곳으로 데려가는 것…….

시대마다 예술작품은 순수예술과 대중예술로 나뉘어졌어. 문학이든 미술이든 음악이든. 형은 바로 그 문제에 대한 해결책을 제시해주고 있어. 형이 살았던 18세기에는 '지적인' 음악과 '유희적인' 음악에 대한 논쟁이 불붙었지. 지적인 음악이란 전통에 충실한 음악, 대위

법에 따라 여러 개의 선율이 독립적으로 제 소리를 내게끔 만들어진 음악이었지. 그 양식을 최고의 경지로 끌어올린 사람은 바흐였어(그의 푸가를 봐). 반대로 유희적인 음악은 선율이 곱고 듣기 편하고 명랑한 음악, 노래나 춤에 반주로 사용될 수 있게 만들어진 음악이었지. 둘 다 어떤 위험을 안고 있는지 형은 알고 있었어. 그건 바로 지루하다는 거였지. 너무 가볍기만 한 음악이나 너무 무겁기만 한 음악이나 지겹기는 마찬가지잖아. 형이 이 둘 사이에 '음악다리'를 놨지. 얼핏 듣기엔 유희적이지만 자세히 듣고 보면 지적인 음악을 만들었으니까. 형은 노력과 영감을 한데 뭉뚱그려서 서로 반대되는 것들을 합쳐냈지.

형은 단순한 사고, 한 쪽만 편들고 다른 한 쪽은 완전히 물리치는 식의 이원론적인 사고를 반박하는 본보기야. '양립불가능주의자'들이 들으면 섭섭한 이야기지만, 형은 대중적이면서도 엘리트적이거든. 형의 자유는 즐거움에서 비롯됐지, 형의 유일한 스승인 즐거움에서. 한편에는 '파파게노'처럼 민요풍의 노래를 흥얼거리는 즐거움이, 다른 한편에는 교회 안에서 푸가를 연주하며 현악기의 선율과 합창단의 목소리가 활활 타오르게 하는 즐거움이 있지.

그래도 본보기보다 더 중요한 게 있긴 해. 예술에 있어서 늘 해결책은 단 하나, 천재성뿐이니까.

또 만나.

＊추신. 형이 하이든에게 헌정한 4중주를 되풀이해 듣는 중이야. 하이든은 동시대의 음악가들 중 유일하게 형의 존경을 받았고 또 형이 음악의 거인임을 대번에 알아본 인물이었지. 처음부터 끝까지 하이든의 영향이 강하게 느껴지는 이 음악, 열정적이고 소박하고 남성적인 이 음악을 듣고 있자니 서로에 대해 찬탄을 금치 못하는 대가들의 모습이 너무나 아름답게 느껴져.

> CD-9
> 현악4중주 15번, K.421
> D단조, 제1악장 알레그로

모차르트 형에게


 형은 미사곡을 쓰면서 신을 귀머거리 취급하지 않았어. 낭만주의 음악가들이나 현대 음악가들과는 달리 소리의 힘으로 하늘에 도전하지 않았지. 제 소리를 들리게 한답시고 중국 인민군 규모의 오케스트라나 합창단을 동원하지도 않았고.
 그러니 인간에 대해서는 더 말할 것도 없지.
 왜 베토벤이나 로시니나 베르디나 말러 등등은 교회 안에만 들어가면 고함을 질러댔을까? 형이나 바흐의 경우와 비교해보면, 미사곡의 '데시벨' 수치는 신앙심에 반비례한다는 걸 알 수 있어. 그 소란꾼들은 큰 소리로 신의 존재에 대해 우리를 설득하려 했지. 맞아, 하지만 그러기 전에 제 자신부터 설득하고 싶었던 거야. 자기변명이라고나 할까……?
 신심 깊은 사람은 미소를 지으며 속삭이듯 말하지. 얼치기 설교자나 연단에서 고함을 질러 대는 거야. 모차르트 형, 형은 형의 음악만큼이나 자연스러운 신앙심을 갖고 있었어. 그래서 교회의 이런저런 의식에 쓰이는 음악을 즐겨 만들었지. 가톨릭이든 프리메이슨이든 주문만 하면. 때로는 주문이 들어오지 않아도. 그래서 태어난 곡이 장엄한 〈미완성 미사곡 C단조〉지. 아내의 병이 낫기를 기원하며 만들었던 곡. 그 중에서도 내 머릿속을 계속 맴도는 부분이 있는데, 바로 '사람의 몸으로 태어나셔서' 야.

오래 전부터 나와 함께해온 음악이지.

신을 믿지 않았을 때에도 그냥 순수한 음악으로 즐겨듣곤 했어. 내가 아는 음악 중에 가장 아름다운 음악이라고 생각하면서. 그때도 정말 좋더라고.

신을 믿는 지금은 내 신앙의 노래가 됐어. 눈물로 얼룩진 이 땅 위 저 높은 하늘을 향하는 노래, 행복에 대한 노래, 끝이 없는 노래, 순수한 노래, 끊임없이 새로워지는 노래지. 푸른 하늘을 향해 날아오르는 종달새의 날갯짓처럼. 이 음악은 근원으로, 즉 태초의 사랑, 이 모든 것을 태어나게 한 사랑으로, 사방에 흘러넘치는 사랑, 창조주의 사랑으로 나를 데려다줘.

> CD-10
> 미사곡 C단조, K.427
> 〈사람의 몸으로 태어나셔서(Et incarnatus est)〉

에트 인카르나투스 에스트. '사람의 몸으로 태어나셔서'.

이 노래를 처음 흥얼거린 사람은 형의 아내 콘스탄체였지. 형에게 아들을 낳아준 여인, 지쳐 힘들어하면서도 아이만 보면 기뻐 어쩔 줄 모르는 인간적인 어머니 콘스탄체. 내가 무신론자였을 때 이 곡에서 느꼈던 건 감사의 마음뿐이었어. 그 기쁨을 느끼는 것만으로도 대단하긴 했지.

되풀이되는 노랫말, 에트 인카르나투스 에스트. 단 한 번 속삭여지고 난 다음 음악으로 변해버리는 노랫말. 저 높은 곳을 향해 날아가는 숨결.

플루트와 오보에의 얇디얇은 레이스만 걸친 목소리 악기. 가장 부드럽고 길고 아름다운 소리를 지닌 악기. 순수하고 강렬하고 기쁨에 겨운 그 악기소리는 성당의 천장을 향해 울려 퍼지지. 끝없는 환희에

차서.

에트 인카르나투스 에스트. 그윽한 사랑의 노래, 삶의 찬가. 경이로운 노래. 환희에 찬 목소리가 우주를 가로지르고, 그러면서 스스로에게 반하고 몰두하고 도취하고…….

젊은 엄마 콘스탄체는 자기한테 반해 있었나봐. 이 '목소리를 위한 노래'가 자아도취 아니고 뭐겠어?

허공에 걸리며 서서히 느려지는 그 무엇……. 도대체 목소리의 한계는 어디인지. 민첩하게 날아오르고 끝없이 굽이치고……. 아라베스크 문양이 하나하나 겹쳐지는 듯한 움직임, 끝도 없고 쉼도 없는 그 움직임. 절대를 향한…….

목소리의 매혹이 계속되는 가운데 변화가 일어나. 이건 목소리가 아니야. 날개지. 인간의 숨결도 아니야. 구름 사이로 살랑거리는 바람이지. 한 여자의 목소리도 아니야. 모든 여자의 목소리, 어머니들과 누이들과 아내들과 연인들의 목소리지. 하긴 이런 비유가 다 무슨 소용이야. 존재의 기적을 찬양하고 있는데.

"왜 아무것도 없는 게 아니라 뭔가가 있는 걸까?"

철학자들이 묻곤 하지.

"있으니까!"
음악이 대답해.
에트 인카르나투스 에스트.

## 모차르트 형에게

형의 음악은 두 가지로 나누어지는 것 같아. 피조물의 노래와 신의 노래로.

피조물의 노래는 인간의 영혼에서 울려나오는 소리지. 신에게 감사하거나 기원하는 소리, 때로는 '불쌍히 여겨주십사'고 속삭이고 때로는 '할렐루야'라고 외치며 문득 기쁨에 겨워 '환호'(세속적이고 육체적이며 지극히 강렬한 감정으로 물든 외침)하는 인간의 목소리. 형의 종교음악은 그 모든 걸 잘 보여주고 있어.

신의 노래는 창조주께서 얼마나 높은 속에 계시는지 깨닫게 해주는 음악이야. 가끔 형은 그 경지에 이르는 것 같더군. 감정을 초월한 상태, 저 높은 곳, 마음의 평화…….

형 덕분에 난 곧잘 인간세상에서 빠져나와 신을 만나러 가곤 해. 피아노 협주곡 21번의 안단테 부분을 들을 때면.

> CD-11
> 피아노 협주곡 21번 C장조, K.467
> 제2악장 안단테 칸타빌레

　신께서 날 전용비행기에 태워주셨어. 우린 지금 지구 위를 날고 있어. 나란히 조종석에 앉아 인간세상의 경치에 감탄하고 있지.
　신께서 그분의 영토를 한 번 돌아보자고 하시는군.
　당신께선 아침마다 하시는 일이라면서.
　하긴, 이 비행기 안에서 바라보는 세상은 늘 아침이니까. 언제 어느 쪽 창으로 바라보든 동이 트면서 지평선에 햇살이 퍼져나가고 어둠이 서서히 물러나면서 하늘이 말갛게 모습을 드러내는 순간만 보여. 존재가 비존재를 이기는 순간만.
　달콤한 승리, 장밋빛 승리의 순간만 맛보는 거지.
　신께서 가리키시는 쪽을 보니 구름 떼가 지구 위에서 한가로이 풀을 뜯고 있어. 그리고 눈이 시리도록 짙푸른 바다, 핏줄처럼 구불구불 땅을 가로지르는 강들, 장난감 같아 보이는 도시들, 하얗게 눈을 덮어쓴 산들, 극지방의 두터운 얼음판들…….

이따금 기러기 떼가 무심하게 지나가기도 하고, 인공위성이 크리스마스트리처럼 반짝반짝 빛나고 있기도 하고…….

신의 비행기는 모터로 움직이는 게 아니라 글라이더처럼 넓고 긴 날개만으로 공중을 떠다니게 돼 있어.

게다가 신께선 계기판에는 손도 대지 않으셔. 정신을 집중해서 어느 쪽으로 갈지 생각한 다음 하늘을 쳐다보면 비행기가 알아서 방향을 틀거든.

형의 음악이 연주되는 동안 이렇게 여행을 하는 거야. 영원으로 바뀌어가는 한 순간 한 순간. 우리는 희뿌연 우주 공간 속을 날고 있어. 우리, 그러니까 신과 형과 내가 날고 있는 이곳엔 바람도 혼돈도 진동도 없어.

어떻게 이런 무중력 상태를 보여줄 생각을 다 했어? 그땐 아직 그런 개념이 나오지도 않았잖아? 형의 음악은 허공에 떠 있어. 침묵에 한없이 가까운 상태…… 침묵의 빛깔…… 어쩌면, 침묵의 심장이 뛰는 소리…….

음계를 오르내리는 피아노 소리, 우리 비행기의 날개처럼 평평하고 유연한 소리, 완벽한 균형…… 계속 하늘을 나는 우리들.

음악이 끝나고, 난 이제 활주로에 서 있어. 헬멧을 옆구리에 낀 채 멍하게 비틀거리면서. 그 황홀했던 순간이 꿈은 아니었나 의심하면서. 멀어져가는 신께 손을 흔들면서. 이제 그 평온했던 순간은 기억으로만 남아 있어. 명상에 명상을 거듭하다 보면 언젠가는 다시 이런 상태에 이를 수 있을까?

형의 음악은 대부분 감정을 생생하게 나타내곤 하는데, 이 음악은 감정이 다 사라져버린 상태를 보여주더군. 평화, 그 지극한 행복을.

형은 소리를 통해 신비로운 세계를 보여주었어. 보이지 않는 것에 눈을 뜨게 해주었지.

신의 눈…….

이번엔 또 어떻게 한 거야? 어디서 이런 걸 알게 됐지?

## 모차르트 형에게

어릴 때 보내줬던 짤막한 노래를 다시 좀 보내줄래? 아무리 머리를 쥐어짜내도 무슨 노랜지 기억이 나지 않아…….

그 노래를 들으면 아주 행복하곤 했는데. 두 사람이 부르는 노래, 멜로디가 선명하고 리듬이 단순해서 마음을 평온하게 가라앉혀 주는 노래였지.

초등학교에 다닐 때였어. 학교에선 일주일에 한 번씩 라디오에서 나오는 노래를 따라하게 하고 있었지. 담임선생님이 엄숙하게 라디오를 틀면, 선반 위에 떡 버티고 앉은 덩치 큰 갈색 라디오에 붙어 있는 어른 손바닥만한 단추를 돌리면, 자동차 짐칸에도 들어가지 않을 만큼 크고 무거운 그 라디오는, 2차대전 중 영국방송을 들려주었던 그 라디오는, 일단 희미한 빛을 뿜어낸 다음 자다 깬 짐승처럼 사납게 으르렁거리기 시작했어. 몸을 뒤채고 목을 거르고 윙윙 앵앵거리고.

분을 못 이겨 씩씩대다 결국 잠잠해지며 우리에게 〈음악 프로그램〉을 들려주었지. 당시 프랑스 초등학생들은 금요일 오후 세시 정각이 되면 책상 옆에 '열중쉬어' 자세로 서서 입을 크게 벌리고 국영방송에서 나오는 노래를 따라 불러야 했어. 선생님들은 '지성인이라면 모름지기 음악엔 젬병이어야 한다'는 프랑스적 전통에 따라 우릴 쳐다보고만 있었지. 엄한 척하느라 눈썹을 잔뜩 찌푸린 채. 가끔 자를 흔들어대기도 했어. 합창단을 지휘하듯이.

그때 들었던 노래들, 그러니까 국가에서 민요에 이르기까지 그 많은 노래들, 샘이며 우물이며 새들에 관한 그 노래들 중에 형의 노래가 있었어. 내가 아주 좋아하던 노래였지. 아마 형이 나한테 처음 보낸 음악 편지일 거야······. 그 노래를 부를 때면 가슴이 벅차오르곤 했어. 난 흥에 겨워 그 노래를 흥얼거렸지. '돼지 멱따는' 목소리를 가진 아이가 불러도 듣그럽지 않을 만큼 아름다운 노래였지. 하긴, 아무나 따라 부를 수 있는 노래도 아니었어. 대부분 리듬과 음정을 따라가지 못해서 금붕어처럼 입만 뻥긋거리기 일쑤였지. 선생님이 아이들더러 조용히 하라고 한 다음 단 둘만, 그러니까 나와 이자벨만 이 노래를 불러보라고 하셨을 때는 얼마나 자랑스럽던지.

우리는 노래에 온 마음을 다 바쳤어, 나와 이자벨. 그때 난 노래의 날개를 펴고 하늘을 나는 것 같았어. 지금도 기억나. 노래가 끝났을 때 담임선생님의 눈시울이 젖어 있던 게.
　모차르트 형, 아홉 살짜리 아이들이 그렇게 열심히 불렀던 노래가 도대체 뭐였는지 가르쳐줄래?
　첫 부분은 기억이 나. 노랫말도.
　'오 타미노, 내 마음은 당신을 부르고 있어요' 였지…….
　'타미노' 가 누구야?
　누가 타미노를 부르는 거지?
　도대체 무슨 말이기에 그토록 우릴 가슴 떨리게 만들었던 거야?

## 모차르트 형에게

〈마술피리〉를 듣다 결국 내 어린시절을 되찾았어. 부탁을 들어줘서 고마워. 얼마나 멋진 생각인지! 연인들의 이중창이 아닌 사랑의 이중창이라니! 남자와 여자는 함께 사랑을 열망하는 노래를 부르지만 서로 사랑하는 사이는 아냐. 곧 제 짝을 찾아 나서지. 파미나는 타미노를, 파파게노는 파파게나를. 하지만 파미나와 파파게노는 함께 사랑을 찬미하며 목소리를 합쳐.

> CD-12
> 오페라 《마술피리(Die Zauberflöte)》, K.620
> 제1막, 파미나와 파파게노의 이중창
> 〈사랑의 목표는 고귀한 부부로 알려지는 것(Bei Männer, welche liebe fülhen)〉

이런 노래를 담고 있는 오페라가 또 있을까? 아마 없을 거야……. 발정이 나서 안달하는 게 아니라 서로 가만가만히 속삭이기만 하는 한 쌍의 고양이들……. 무심한 한 쌍……. 발톱도 치켜세우지 않고 가르릉거리지도 않고 몸을 비벼대지도 않는 한 쌍……. 오르가슴이니 전희니 후희니 하는 것과 동떨어진 한 쌍……. 제 욕심만 채우려는 이기적인 감정이 아니라 보다 폭넓은 사랑을 노래하는 한 쌍…….

이 노래엔 순수하고 복음서적인 사랑…… 성스러운 사랑이 담겨 있어. 사랑 그 자체에 대한 찬가라고 할까.

그러니 어린아이들 둘이 그렇게 열심히 노래를 불렀지! 남자와 여자는 둘 다 열정적으로 사랑을 노래해. 하지만 제 짝에게서 아무것도 바라지 않아. 잔꾀를 부리지 않는 사랑, 발톱을 내밀지 않는 사랑, 성性을 초월한 사랑이지. 아이들은 이런 사랑을 잘 알지. 우리 어른들은 그 사랑을 잊어버리고 미친 듯이 몸뚱이나 비벼대지만. 가끔 쾌감을 느낀다 해도 그 순간은 너무나 짧지…….

이 노래도 관능적인 면이 없는 건 아냐. 격정적인 리듬, 문득문득 요동치는 리듬 속에 관능이 숨겨져 있지. 기쁨을 이기지 못하고 하늘을 향해 날아오르는, 크림 같은 선율 속에……. 하지만 가장 뚜렷이 드러나는 건 '존중'이야. 이 노래는 명상과도 같아. 정숙하지. 찬미하는 대상에 대한 존중만 있을 뿐 신경질적이고 광적인 구석은 전혀 없으니까. 정직한 노래지.

이게 형이 내게 이야기해준 사랑이야. 바로 내가 원하는 사랑이지. 어느 쪽도 먹잇감이나 희생양이 되지 않는 사랑, 제 의지에 따르는 사랑. 충동과 관능, 육체의 매혹을 넘어선 사랑.

우리 앞에 활짝 펼쳐진 길, 언제든 마음대로 갈 수 있는 길, 대낮에도 부끄러워하지 않고 갈 수 있는 길.

우리의 사랑을 이기는 사랑…….

## 모차르트 형에게

　우린 어린 시절이라는 나라를 저도 모르는 새에 그냥 지나와 버리는 것 같아. 국경에 이르러서야 뒤를 돌아보지만 이미 때는 늦지.
　떠나와서야 알게 되는 어린 시절.
　난 오랫동안 생각해왔어. 그 시절로 되돌아갈 수 있는 방법은 단 하나, 기억뿐이라고. 가끔 뭔가를 생각해내려고 애쓰다가, 아니면 어떤 감각을 느끼면서 그 시절의 몇몇 '화석'을 찾아내는 수가 있잖아.
　그런데 또 다른 길이 있더라고. 어두컴컴한 지하통로가 아니면서도 그 머나먼 나라로 우리를 데려다주는 길이. 바로 예술이지.
　형이 내게 이 새로운 길을 보여주었어. 〈마술피리〉를 들으면서 문득 깨달았지. 형의 오페라 중에서 가장 어린아이들의 취향에 잘 어울리는(괴물이며 함정이며 춤추는 동물이며 야자수며 마술피리며 마법의 종 등등이 등장하는) 이 작품이 형의 마지막 오페라라는 것을. 열한 살인가 열두 살 땐 훨씬 더 진지하고 심각하고 어른스러우면서도 지루한 오페라를 썼더랬지.

나이가 들어야 어린아이의 마음을 되찾을 수 있는 건가봐.

나도 만으로 서른다섯 살이 넘어서야 어린아이가 주인공인 작품을 쓸 수 있었거든…….

왜 그런 걸까?

단순해지기 위해서는 자기를 제어하고 버릴 줄 알아야 하기 때문일 거야. 아는 체하기 좋아하는 '반편이'들이나 '선무당'들을 기쁘게 해주려는 마음부터 버려야 하지. 이 판관 나리들께선 너무나 복잡해서 갈피를 잡을 수 없게 만드는 것에서 재능을, 도무지 이해할 수 없게 만드는 것에서 지성을, 참을 수 없이 지루하게 만드는 것에서 천재성을 발견하시니까. 현학적인 예술, 즉 끊임없이 교양과 야심을 드러내 보이며 잘난 척해대는 예술만 그 심각하신 분들의 환심을 살 수 있다고. 반대로 판관 나리들께서 경멸하는 이들이 있는데, 그건 바로 걸친 것 없이 맨몸뚱이로 나타나는 이들, 자기만의 우아함을 드러내며 미소짓는 이들이지.

끊임없이 노력하고 자신을 낮추어야겠지. 명쾌하고 확고한 예술의 경지에 이르기 위해서는.

물론 그 이상의 것도 필요하겠지만 말이야.

일단 어린 시절이 지나가고 나면 그걸 되찾는 데는 시간이 걸려. 가장 감수성이 예민한 축에 속하는 예술가들도 사십대에 이르러서야 어린아이의 마음으로 창작을 하기 시작하거든.

어린아이의 마음, 그걸 되찾고 싶어하는 건 어른들이야.

신동들에겐 어린아이의 마음이 없어. 사실 신동이라는 아이들을 보면 짜증이 나. 재주가 많은 게 문제가 아니라, 아이답지 못한 게 문제지. 어른들과 경쟁하고, 어른들을 따라하고 흉내내고. 어른보다 더 뛰어난 재주를 지닌 경우에도 원숭이처럼 흉내나 내기 일쑤니 원. 자기만의 세계를 표현하는 게 아니라 어른들의 세계 속에서 자신을 표현하려 들지. 그래서 난 이 조숙한 재주꾼들을 볼 때면 아이가 아니라 난쟁이 어른을 보는 것 같아. '어른의 축소판'들이 제아무리 뛰어난 재주를 보여줘도 왠지 사기극 같다는 생각이 들더라고. 분재를 보면서 멋있다고 감탄은 해도 마음 한구석이 꺼림칙한 것하고 마찬가지지. 뿌리가 잘려나가고 가지가 뒤틀린 채 물도 맘껏 빨아들이지 못하는 분재를 보면 마음이 아프잖아. 자연에 폭력을 가한 자, 나무를 비

틀어 맘대로 자라지 못하게 한 자, 제 눈의 즐거움을 위해 저보다 연약한 것을 짓밟은 자에 대한 분노가 치밀어 오르지…….

그러고 보면 신동 중의 신동이었던 형의 어릴 적 작품에도 아이 같은 구석은 전혀 없어. 서툰 구석도. 그 음악들을 듣노라면 같은 시대의 성인 작곡가들(형의 아버지도 여기에 속하지)이 만들었던 견고한 음악을 듣고 있는 것 같아. 몇몇 곡들을 빼면, 별로 놀라운 데도 없는 작품들이야. 놀라운 건 그 나이에 그런 곡들을 썼다는 것 정도지. 형도 스무 살 때까진 음악적 지식을 많이 드러냈어. 젊음 대신 음악적 지식을. 나중에 가서야 단순해졌지. 끝내는 어린아이 같아졌고.

사실 형은 신동이 천재로 성장할 수 있다는 걸 보여주는 본보기야. 잔재주와 기교가 영감과 천재성을 발휘하는 데 걸림돌이 되지 않는다는 걸 보여주었지.

〈마술피리〉와 그밖의 여러 작품에 나타난 어린아이의 마음.

그게 뭘까?

그 마음을 이해하려면 어린 시절을, 그 변방의 나라를 맘껏 돌아다녔어야 해. 사람과 사람 사이가 사랑으로 맺어지는 나라, 부드러운 손길과 입맞춤이 가득한 나라, 어머니의 자장가와 따뜻한 품이 있는 나라를. 그 하늘 아래서 아이들은 잠들 때나 마찬가지로 행복에 겨워 잠을 깨고 놀이에 열중하고 제가 하는 일에 온 힘을 다 바치지. 한순간도 그냥 흘려보내지 않아. 아주 제대로 맛보지. 그 따뜻한 나라를 다스리는 감정은 바로 믿음이야. 아이들은 자기가 사랑받고 있다는 걸 의심하지 않아. 보고 듣는 모든 것에 의미가 있다는 것, 질문에는 대답이 있다는 것도. 아이들이 공부를 하는 건 돈을 벌거나 성공하기 위해서가 아니야. 부모님을 기쁘게 해드리기 위해서지. 아이들은 알고 있어. 지금 벌을 주고 있는 손이 잠시 후면 자기를 쓰다듬어주고 간식을 챙겨 주리라는 것을. 물론, 그 나라에도 어마어마한 공포가 도사리고 있어. 폭력과 불의에 대한 공포가. 그래도 그곳에선 믿음이 가장 찬란한 빛을 내뿜고 있지.

아이들은 철학자야. 모든 것에 질서와 의미가 있다고 믿는 철학자, 자기를 다정하게 굽어보는 어른들이, 좋기도 하고 무섭기도 한 그 키 큰 사람들이 뭔가 비밀을 품고 있다고 믿는 철학자. 아이들에게 세상은 신비롭게만 보여, 부조리하게 보이지 않고. 너무나 넓고 깊고 알 수 없는 것 투성이에다 때론 어두컴컴하기도 하지만, 비어 있거나 흔들리는 그런 건 아니거든……. 아이는 세상에 대해 뭔가 모르는 게 있으면, 세상이 너무 크기 때문에 그렇다고 생각하지 않아. 자기가 너무 작기 때문이라고 생각하지. 나중에 커서 세상을 더 돌아다녀 보면 알게 될 거라고, 아버지나 선생님(아이들한테는 지혜의 화신 '자라스트로'나 마찬가지지)한테 물어보면 가르쳐주실 거라고. '나중에 알게 될 거야…….' 현재에 충실한 아이들은 앞으로 시간이 많다고 생각하지…….

무엇이든 배우려 하고, 무엇에나 놀라는 어린아이들, 이 어린아이 때보다 더 영리한 때가 있을까? 밥벌이를 하지 않으면서도 그렇게 부지런한 때가? 하지만 아이들은 제 자랑을 하지 않아. 자기가 '약자'라는 걸 아니까……. 자기가 힘도 없고, 모르는 것 투성이라는 걸 잘 알고 있지. 그래서 누군가를 사랑할 수밖에 없어. 그 사람도 자기를 사랑해주길 바라며.

아이들은 인간이 미처 더럽히지 못한 힘에 의지해. 말의 힘, 동화의 힘, 음악의 힘 말이야. 누군가가 아이에게 거짓말을 하면서부터 아이는 더 이상 말의 힘을 믿지 않게 돼. 누군가에게서 동화가 사실과 다르다는 이야기를 들으면서부터 아이는 세상을 의심에 찬 시선으로 바라보게 되지. 서서히 음악이 소음 속에 파묻히게 되는 거야.

모차르트 형, 형은 죽기 몇 달 전까지도 그 힘을 믿고 있었지? 아니, 그때가 되어서야 믿게 된 건지도 모르지······.

〈마술피리〉엔 온통 그 이야기뿐이더군. 음악의 힘 말이야. 사람을 구하고 평화를 가져오며 혁명을 일으키는 힘······. 음악의 힘.

> CD-13
> 오페라 《마술피리》, K.620
> 제1막 중 피날레

아니, 이야기한다기보다는 생생하게 보여주는군.

음악을 통해 어린 시절로 돌아가려면 어떻게 해야 할까?

쓸데없는 걸 버려야겠지. 아이하고는 별것 없이도 얼마든지 재미나게 놀 수 있잖아? 크레용하고 종잇조각만 있으면 되지. 양말을 손에 끼워 흔들면서 인형극을 할 수도 있고. 그래서 형이 오케스트라의 악기 수를 줄인 거야. 음색이 더 가볍고 생생하고 낭랑해지도록, 한 마디 한 마디, 한 악절 한 악절이 더 부드러우면서도 더 또렷하게 연주되도록, 그래서 결국 아이의 몸과 같은 음악이 만들어지도록······.

홀쭉하고 가냘픈 아이의 몸, 건장하지는 않지만 유연한 아이의 몸. 가볍기 그지없는 몸.

  많은 걸 담고 있으면서도 간결한 음악, 거칠지 않으면서도 선이 뚜렷한 음악을 만들기 위해서는 뛰어난 재주와 엄청난 노력과 대단한 안목이 필요할 거야. 물론, 나이가 들면 저절로 그 경지에 이르겠지. 형은 만 서른다섯 살에 해낸 일이지만. 〈마술피리〉에서 형은 음악을 침묵에 가깝게 만들었지. 사방이 고요할 때 감상하고 감탄(그 푸르렀던 시절, 우리가 지니고 있었던 재주들이지)할 수 있다는 걸 알고 있었으니까.

## 모차르트 형에게

형이 '고전음악'을 한다는 거 알고 있었어? 몰랐다고?

그럼 안심해. 요즘 형 대신에 그 사실을 알리고 다니는 사람들이 있으니까. 악기의 발달에 민감하기 짝이 없는 현대인이면서 형의 음악을 연주할 때만 굳이 낡은 악기를 고집하는 사람들이 있다고. 고물 바이올린이나 대홍수 이전에 만들어진 것 같은 피아노, 건반을 누르면 꼭 동굴 속에서 울려 퍼지는 것 같은 소리가 나는 그런 피아노로만 연주하려 든다니까. 18세기풍으로 의상을 차려 입고 가발을 뒤집어쓰고 그 위에 분가루까지 뿌려대는 사람도 있나봐. 혹시 개중 몇몇은 당시의 관습대로 거실의 커튼 뒤에서 오줌을 갈기는 거 아닐까?

얼마 전에 그 중 한 사람한테 그 시대를 제대로 재현하려면 이도 한 여남은 개 뽑아버리는 게 좋을 거라 말해줬어.

## 모차르트 형에게

 음악은 쉽사리 대답을 얻기 힘든 질문에 대답을 해주곤 하지.
 내가 그걸 처음 느낀 건 열일곱 살 때야. 형이 내 목숨을 구해줬을 때. 그 후로 살아가면서 계속 같은 경험을 되풀이하고 있어. 기악이든 성악이든 음악을 듣거나 피아노를 한 시간쯤 두드려대고 나면, 몸과 마음이 한결 가뿐해지거든. 찌그러들었다 다시 부풀어 오르는 스펀지처럼.
 그런데 왜 음악을 듣고 싶은 순간이 찾아오는 걸까?
 음악이 우리의 근원적인 불안을 치유해주기 때문인 것 같아. '난 어쩌자고 이 세상에 태어난 걸까? 이 약한 몸과 둔한 머리로 뭘 할 수 있을까?' 등등의 불안을. 음악은 우리의 마음을 가라앉혀주지, 존재를 찬양하면서. 허무에 빠지려는 우리를 구해 삶 쪽으로 이끌지. 종교계나 정치계에서는 그 사실을 잘 알고 있어. 그래서 의식이나 행사가 있을 때마다 음악을 동원하지.

음악을 듣는 건 신비체험과 비슷한 데가 있어.

음악과 종교에 대해 조금이나마 알고 있는 사람으로서 닮은 점을 한 번 찾아봤지.

그게 뭐냐면, 마음속의 모든 의문이 사라지는 순간이 온다는 거야. 사하라 사막 한가운데서 머리에 별을 가득 인 채 터덜터덜 헤매고 있을 때였어. 문득 신께서 나랑 함께 계신다는 생각이 들더니, 모든 의문이(내 정신을 끊임없이 괴롭히고 있던 그 고민과 긴장이) 싹 가시면서 충만감으로 가슴이 벅차오르기 시작하더군. 실존이 허무를, 존재가 부재를, 음악이 침묵을 이기는 순간이었어. 형의 음악을 들을 때처럼.

그건 바로 시간이 멈춰버린 한 순간이야. 그 느낌이 너무나 강렬해서 일상적인 시간의 단위로는 잴 수가 없지. 일상과 동떨어진 황홀경, 고유한 법칙과 체계를 지닌 황홀경이니까.

지성이 침묵한다고 해서 그 순간을 아무 의미도 없는 것으로 볼 수는 없어. 오히려 그 반대지. 새로운 논리가 그것을 대신하게 되니까. 이제껏 지하에서 웅크리고 있었던 논리, '감정의 논리'가.

## 모차르트 형에게

 난 늘 '모차르트적인' 고양이만 키워왔어. 요즘은 '레오나르' 란 녀석을 기르고 있지. 지금 녀석은 내 책상에 엎드려 눈을 반쯤 감은 채 놀까 잘까 망설이면서 느긋하게 내 펜 끝을 지켜보고 있는 중이야. 이따금 펜이 제 옆으로 다가와 쥐처럼 사각사각 소리를 내면 냉큼 벙어리장갑 같은 앞발로 움켜잡아서 조용히 시키곤 하지. 하지만 사실은 억지로 그러고 있는 거야. 그저 내 관심을 끌어보겠다고 애써 졸린 눈을 치켜뜨고 있는 거지. 날 잊지 않고 있다는 걸 보여주려고. 사실 녀석의 몸은 이미 잠들고 있는 중이야. 따뜻한 햇살에 등짝을 내놓고 있으니 다가올 행복에 다리가 절로 늘어지고 눈이 스르르 감길 수밖에. 꿈을 꾸러 가야 하니까.
 고양이들은 모두 형의 수제자인 것 같아. 어색한 데라곤 털끝만큼도 없는 우아한 걸음걸이, 정확하고 군더더기 없는 움직임. 먹이를 덮

모차르트와 함께한 내 인생

칠 땐 번개처럼 날쌔다가도 바로 그 다음 순간 꿈꾸듯 잠잠해지고. 이리저리 날뛰다가 갑자기 꼼짝도 않고. '알레그로'와 '아다지오'를 자유자재로 오가는 그 유연함. 황제처럼 당당한 착지. 개는 숨이 가쁘면 헐떡거리고 피곤하면 축 늘어지고 목마르면 물웅덩이에 주둥이를 처박고 배고프면 밥그릇에 덤벼들지만, 고양이는 뭘 하든 힘들어 보이지 않아. 자존심 강한 족속이라 제 몸뚱이가 욕구와 한계에 시달리고 있는 걸 보여주지 않는 거야. 오로지 자기가 즐거워서 움직이는 걸로만 보이게 할 뿐. 그러니 보는 사람도 즐겁지.

음악을 배우면 고양이는 대가가 될 거야. 개는 별로 성공을 거두지 못하겠지만. 개는 뭔가 하려고 할 때면 그 무거운 몸을 사방으로 흔들어대며 티를 내지. 고양이는 움직여도 움직이지 않는 것 같고, 힘을 들여도 들이지 않는 것 같아. 너무나 우아해서 우아한지 알아차릴 수도 없게 만들지. 그래, 이승에서 형을 본보기로 삼고 살아가는 건 고양이들뿐이야. 고양이들만 모차르트적이지.

그런데 형의 음악에 맞춰 춤추는 게 얼마나 고역인지 형은 알고 있어? 아무리 재능 있는 안무가라도 형의 음악을 가지고 안무를 하는 건 무리일 것 같아.

형의 음악하고 고양이들하고 무슨 상관이냐고? 내 참, 둘 다 우아하잖아……. 형의 음악이 너무 우아해서 거기에 맞춰 춤을 추는 무용수는 아무리 노련한 사람이라도 어설프고 어색하게 버둥대는 걸로만 보인다니까. 유려한 음악과 대비되는 커다란 발이며 뻣뻣한 등이며 다리, 게다가 투박하기 짝이 없는 몸짓, 착지할 때마다 쿵쿵 마루를 울리는 소리, 의상을 흠뻑 적시는 걸로 모자라 얼굴에까지 흘러내리는 땀, 겉모습은 오래가지 못한다는 걸 증명이라도 하듯 두터운 분장을 지우며 줄줄 흘러내리는 땀. 무용에서는 이렇게 물질이 정신을 이기지만 형의 음악에서는 그렇지 않아. 그 속에선 형의 심장이 허둥대지도 지치지도 않고 뛰노는 게 느껴져. 피와 살로 된 우리네 심장과는 다른 리듬에 맞춰 뛰노는 게.
   어젯밤에 오페라 극장에서 형의 음악에 맞춰 만든 발레를 봤어. 미안한데, 눈만 버렸지 뭐야. 음악을 연주하는 오케스트라는 달라진 게 없는데, 무대에 선 발레단만 확 변해버렸더라고. 여느 때는 그렇게 섬세하고 우아해 보였던 무용수들이 갑자기 육체미 선수들처럼 근육을 과시하며 어기적어기적 움직이는 꼴이라니. 완전히 튀튀를 차려입은 레슬링 선수들이더군. 스타 무용수라고 억지로 무대에 끌려 나와서는 종종거리며 어설픈 몸짓을 해대는데, 보통 땐 여신 같아 보이던 발레리나들이 갑자기 발끝으로 버티고 선 역도선수들로 보이더라고. 모차르트 형, 형의 가볍디가벼운 선율이 요정들을 뚱땡이들로, 발레를 대학살극으로 바꿔버렸다니까.

고양이들이라면 형의 음악에 맞춰 춤을 출 수 있을 거야. 하지만 자존심 강하고 고집 센 족속들이라 연습조차도 시키기 힘들겠지.

지금 이 순간, 레오나르는 형의 느린 음악에 맞춰 독무를 추고 있어. 자고 있다는 얘기지. 정말 완벽한 춤이야. 부드럽고 둥글둥글하고 꽉 차 있어.

이제 곧, 피스타치오 모양의 눈동자가 박힌 황금빛 눈을 뜨는 순간, 녀석은 폴짝하고 바닥으로 뛰어내릴 거야. 그리고 신나게 춤을 추겠지. 알레그로 비바체로…….

## 모차르트 형에게

한동안 편지를 못 썼어. 요 몇 달 동안 좀 아팠거든. 지금도 피곤해서 견딜 수가 없어.

날 밤낮으로 괴롭히는 이 병이 뭔지는 밝히고 싶지 않아. 형한테만 그러는 게 아냐. 다른 사람들한테도 마찬가지야. 몸과 관련된 일은 왠지 입에 담기가 싫어서 그래. 그저 구토와 피로와 의욕상실과 불안에 골고루 시달리고 있다는 것만 알아줘. 가끔은 움직이기도 힘에 겨울 정도로 기운이 빠져서 집으로 향하는 계단을 올라가지도 못하고 기진맥진한 채 계단참에 주저앉아 있기도 해.

형이 내게 큰 힘이 되어주고 있어. 날마다 창 밖으로 떠오르는 태양보다 더 부지런하게 날 돌봐주러 오니까. 그리고 올 때마다 내게 빛과 기쁨과 활력을 나눠주지.

고마워.

## 모차르트 형에게

형은 내게 탄생 이전의 세계에 대해 이야기하고 있어.

말이란 것이 생겨나기 이전의 세계, 충동과 감정만 있는 세계에 대해서, 언어 아래 감추어진 그 무엇에 대해서. 형은 지금 '존재한다는 여러 감정에 대한 음악'을 들려주고 있어.

우리들은, 그러니까 우리네 작가들은 한심스럽게도 그 펄떡임을 문장으로 되살려내야 해. 물 밖으로 머리를 내민 채 헤엄을 치는 꼴이지. 말로 풀어낼 수 없는 신비도 있는데.

형 덕분에, 형의 이 은혜로운 음악 덕분에 난 편안하게 그 세상을 느끼고 있어.

## 모차르트 형에게

왜 이토록 뒤늦게야 깨달은 걸까? 형이 나를 위해 만들어둔 오페라가 있다는 걸? 맞아, 형은 그렇게 해서 우리의 이야기를, 형과 나의 이야기를 후세에 전하고 있는데…….

사십대에 접어들어서야 알게 됐어. 형이 세상을 떠나던 해 만든 오페라 〈마술피리〉에 담긴 이야기가 무엇인지. 그건 바로 '자살충동에 시달리는 사춘기 소년을 음악이 어떻게 바꾸어놓는가'였어.

주인공 타미노는 왕뱀에 쫓기며 죽을 위기에 처해. 그러다 갑자기 정신을 잃지(심신쇠약일까, 우울증일까?). 얼마나 시간이 흘렀을까, 문득 눈을 뜬 타미노 앞에 세 여인이 서 있어. 그녀들은 타미노에게 마술피리를 건네주며 기막히게 아름다운 목소리로 노래하지. 그 피리가 어둡고 위험한 숲을 헤쳐 나가는 데 도움이 될 거라고.

마술피리가 어떤 것이냐면…….

> CD-14
> 오페라 《마술피리》, K.620
> 제1막, 타미노와 파파게노와 세 시녀들의 오중창 중

왕자님, 선물을 받으세요.
여왕님께서 보내신 거랍니다.
이 마술피리가 왕자님을 지켜드릴 거예요.
실망과 좌절 속에서 힘이 되어드릴 거예요.

이 피리로는 무엇이든 할 수 있답니다.
인간의 열정도 바꿀 수 있어요.
슬픈 사람은 기뻐하게 되고
외로운 이는 사랑에 빠지게 된답니다.

마술피리는 귀하디귀한 것,
황금보다 왕관보다 더 귀한 것이로다.
이 마술피리로 인간의

기쁨과 행복이 커지니.

음악의 힘…….
맞아, 음악은 우리를 절망의 구렁텅이에서 건져내 삶의 기쁨을 맛보게 해주는 힘을 갖고 있어.
열일곱 살로 돌아가 자세히 알아보고 싶어. 자살을 꿈꾸던 내가 어떻게 해서 불과 몇 분 사이에 마음을 고쳐먹고 희망찬 삶을 꿈꾸게 되었는지……. 그때 난 자살하면 세상이 따라죽는 줄 알고 있었어. 사실은 나만 이 세상에서 사라지는 건데. 나만 이 세상의 냄새며 맛을 느끼지 못하게 되는 건데.
열일곱 살 때 난 '절대'를 꿈꾸고 있었어.
혼자였다면 절대적인 허무에 빠져들었겠지. 하지만 형 덕분에 절대적인 아름다움을 발견할 수 있었어. 형은 내 이상을 '무'에서 '존재'로 바꿔놓았지.
절대를 꿈꾼다는 건 완벽하고 완전한 경지에 이르고 싶어한다는 거지. 지나치게 완벽하려고 애쓰다 보면 죽음의 유혹에 빠지기 쉬워. 죽음이야말로 아무것도 아닌 상태, 즉 완벽한 경지, 부정적이나마 절대적으로 완벽의 경지라고 생각하게 되니까.

형 덕분에 난 죽음의 병에서 회복되어 새 삶을 찾았어. 그렇다고 해서 절대를 향한 욕구마저 사그라진 건 아니지만.

자칫하면 난 부작용에 시달릴 수도 있었어. 예전에 앓았던 병보다 더 심한 부작용에. 음악 속에 틀어박혀서 음표며 리듬이며 음색이며 화음 따위에만 온 정신을 쏟아 부을 수도 있었지. 내 존재를 오선지 안에 가둔 채 오로지 탐미주의에만 빠져들 수도 있었다고. 그런데 형이 나를 다시 가르치기 시작하더군. 형이 음악을 만든 건 음악 그 자체를 위해서가 아니라고, 그건 인간에 대해 이야기하기 위해서였다고. 인간의 속성을 보여주고 그 모순과 갈등에 대해 탐구하기 위해서, 우리의 열정을 표출하고 우리가 소중히 여기는 가치를 전하기 위해서였다고.

형의 음악은 인간을 위한 음악이야, 음악을 위한 음악이 아니라.

> CD-15
> 오페라 《마술피리》, K.620
> 제2막, 피날레 중에서 파미나와 파파게노의 이중창

이제 이 피리를 부세요.
고난의 길에서 우리를 인도해줄 이 피리를.

우리는 마술피리의 힘으로 나아가네,
용감하게 죽음의 어두운 밤을 지나서.

형의 음악을 듣고 나면 언제나 마음이 편안해져. 내 인생이 죽음의 냄새를 풍기지 않는 것 같거든. 비록 죽음에 둘러싸여 있긴 하지만.

## 모차르트 형에게

우리는 태어나기 전에 어땠을까? 불안했을까? 그때 일은 통 기억이 나질 않으니 원.

아침에 머릿속으로 그려봤어. 자궁의 창턱에 팔꿈치를 괴고 생각에 잠긴 태아를. 태아가 엄마의 배 바깥에서 벌어지고 일들, 즉 사람살이의 이런저런 모습들을 미리 본다면 뭐라고 생각할까? 끔찍해서 태어나기 싫다고 생각할까? 아니면 저 재미난 세상으로 얼른 뛰쳐나가고 싶다고 생각할까?

천만다행으로 태아는 따뜻한 엄마 뱃속에 들어앉아 있기 때문에 아무것도 볼 수가 없어.

우리도 태아와 마찬가지 아닐까? 이 세상에 들어앉아 있는 한 저세상을 볼 수도 없는데, 언젠가 죽을 거라는 생각만으로 불안에 떨 필요가 있을까?

## 모차르트 형에게

　오래도록 난 형이 일찍 세상을 떠난 것이야말로 신이 계시지 않는다는 증거라고 생각했어. '모차르트의 음악을 듣고 신을 믿게 되었다'는 사람들에게 '모차르트가 일찍 세상을 떠난 것 때문에 신을 믿을 수가 없다'고 대꾸하곤 했지. '만 서른다섯, 그 아까운 나이에 가다니……. 신이 정말 존재한다면, 왜 모차르트 같은 천재는 요절하게 만들고 히틀러 같은 얼간이는 잘 먹고 잘 살게 내버려두었던 걸까?
　얼마 지나지 않아서 난 이런 식으로 따져봐야 소용없다는 걸 알아차렸어. 인간의 몸에 일어나는 일들을 가지고 신을 탓해서는 안 된다는 것을 깨달았던 거야. 인간의 몸은 다 똑같은 운명을 타고났어. 태어나면 죽게 돼 있는 거지.
　인생은 완성되지 못한 채로 끝날 수밖에 없어. 형의 레퀴엠처럼.
　그 곡은 침묵으로 끝나지. 마지막 화음 하나가 빠져 있기 때문에.

형은 그걸 쓸 수가 없었어. 쓰고 싶어하지도 않았고.

레퀴엠 혹은 침묵의 전주곡……. 자기 장례식 때 연주되는 음악을 들을 수 있는 사람은 아무도 없어. 형이라고 해서 예외는 아니었지.

난 형의 레퀴엠이 별로 마음에 들지 않아……. 다른 사람이 손을 댔기 때문일까? 제자 중 한 사람이 콘스탄체의 성화에 못 이겨 마지막 부분을 대신 썼다며? 아니면 형이 신경쇠약에 시달렸다는 걸 증명이라도 하듯 어둡고 불길하고 격하기만 한 때문일까? 모르겠어……. 열 번도 더 넘게 듣고 나서(들을 때마다 한편으로는 좋으면서 또 한편으로는 꺼림칙하더군) 내린 결론이라곤 내가 아직 형의 죽음을 인정하고 싶어하지 않는다는 것뿐이야.

죽기 직전에 아내에게 쓴 편지가 훨씬 더 형다워. '난 이제 죽어가고 있어. 재능을 맘껏 펼쳐 보이기도 전에 이렇게 가나봐. 그래도 내 인생은 참 멋졌어. 어렸을 땐 운도 좋았고……. 하지만 이렇게 끝나는 게 내 운명이라면 순순히 따라야지. 누구도 자기가 살아온 나날들에 대해 왈가왈부할 수 없는 법이니까. 그래야 전능하신 그분께서도 기뻐하시지 않겠어.'

형은 1791년 12월 5일에 세상을 떠났지. 하지만 지금까지 늘 우리와 함께 해 왔어.

　천재는 한 폭의 거대한 풍경화와 마찬가지라서 동시대인들은 제대로 파악을 할 수가 없어. 재능이나 기교나 작품의 수 같은 몇 가지 확실한 점들을 빼고는. 수백 년이 지난 후에야 그 진가를 온전히 알게 되지. 늘 칭찬에 목말라하던 형, 하지만 온 세상 사람들로부터 '음악의 거인'으로 인정받는 데는 무척이나 오랜 세월이 걸렸지……..

## 모차르트 형에게

 '음악의 역사'는 없어도 '음악의 지형도'는 있어. 그 위에는 여러 대륙이 알록달록하게 그려져 있지. 바흐 대륙, 모차르트 대륙, 베토벤 대륙, 바그너 대륙, 드뷔시 대륙, 스트라빈스키 대륙……. 대륙들은 때로는 대양을 사이에 두고 서로 멀찍이 떨어져 있기도 하고, 때로는 해협을 낀 채 서로 마주보고 있기도 하지('드뷔시'와 '스트라빈스키'처럼). 드문 경우이긴 하지만, 두 대륙이 서로 겹쳐지기도 해. '모차르트'와 '베토벤'이 그렇지. 강 하나만을 경계로 하고 있으니까.

 각각의 대륙 주변에는 크고 작은 섬들이 흩어져 있어. 비발디 섬과 헨델 섬(바흐 대륙 주변), 슈만 섬과 쇼팽 섬(베토벤 대륙 주변) 등등. 가끔 해일이 일어나기도 하는데, 그럴 때면 지도를 새로 그려야 해. 있던 땅이 가라앉는 일은 거의 없지만, 없던 땅이 솟아오르는 일은 흔하니까.

음악이 이렇게 여러 땅덩어리로 이루어져 있는 만큼 우리는 그곳을 맘껏 돌아다닐 수 있어. 음악순례에 안내원이 따라붙는 건 어울리지 않아. 연대순으로 직선 여행을 하는 것도 지겹지. 이곳저곳 멋대로 돌아다녀야 뜻밖의 즐거움을 맛볼 수 있는 것, 낙하산을 타고 여기저기 뛰어내려보는 것도 괜찮겠지. 하루는 모차르트 대륙에서 보내고, 또 하루는 드뷔시 대륙에서 보내고 하는 식으로……. 그런 사치를 누릴 수 있는 것도 다 기술의 발전 덕분이지.

우리가 시대적인 순서에 따라 음악가들을 알게 되거나 좋아하게 되는 건 아니야. 지금 난 형의 음악을 들으며 즐거워하고 있지만, 그건 형이 살았던 시대에 향수를 느끼거나 그 시대의 정서에 공감하기 때문이 아냐. 한 시간 뒤엔 메시앙이나 라벨을 들으며 똑같이 즐거워할 수도 있으니까.

그러니 음악이 계속 진화해왔다고 믿는 건 정말 황당하기 짝이 없는 짓이야. 쇤베르크가 바흐보다 더 낫다고 생각하는 건……. '음악 세상'엔 개성이 뚜렷한 여러 땅들이 흩어져 있을 뿐이니까.

## 모차르트 형에게

형은 만 서른다섯 살에 세상을 떠났지.

난 지금 만으로 마흔다섯 살이야. 벌써 형보다 훨씬 오래 살았지 (그래서 잘했다는 건 아니지만).

난 형이 채 살아보지 못했던 나이를 살고 있어. 이렇게 계속 살다보면 형이 미처 몰랐던 것도 알게 될까? 지금은 잘 모르겠어. 나중에 '최종결산'을 할 때가 오면 가르쳐줄게.

형, 사는 동안 행복했어? 형은 늘 돈에 쪼들리고 빚에 시달리며 불안한 생활을 했지. 지금 같았으면 저작권료를 엄청나게 받았을 텐데. 오스트리아를 통째로 사들이고도 남을 만큼. 형의 삶은 말 그대로 고난과 시련의 연속이었지. 어릴 땐 신동으로 각광받았지만, 어른이 된 후론 각광은커녕 인정조차 받지 못했어. 아버지 노릇도 제대로 못해봤지. 자식들 중에 아들 둘만 살아남았는데, 그 아이들을 어른이 될 때까지 키워보지도 못했으니까. 게다가 그 아들들마저 자식을 보지 못하고 죽어버렸지.

우리는 이 세상에서 뭘 하는 걸까? 그리고 나중에 뭘 남기고 가는 걸까?

모차르트 가家는 절멸되고 말았어. 형의 이름은 육신이 아니라 예술로 전해지고 있지.

난 형이 행복했는지 잘 모르겠어. 한 가지 확실한 건 형이 그 누구보다도 우리를 행복하게 해준다는 거야. 우리는 대부분 서른다섯이 훨씬 넘도록 살지만, 남들에게 행복이라는 보물을 그렇게 듬뿍 나눠주지는 못하지.

내 나이가 벌써 꽉 찬 마흔다섯 살이라니……. 예전에 난 형 없이 태어난 아이, 형의 유복자였어. 형은 내게 아버지였고 길잡이였지. 그런데 이젠 내가 형의 아버지뻘이 되어가네. 형보다 나이 많고 성숙한 사람이……. 죽은 아이의 아버지가……. 형은 점점 더 젊어지고 나는 점점 더 늙어가고…….

낯간지러운 얘긴데, 한동안 형을 좋아한다는 걸 감추고 부끄러워했던 적이 있어. 지금은 그렇게 바보같이 굴지 않지만 말이야. '난 모차르트를 좋아해'라고 말하는 건 벌거숭이가 되는 거야. 제 속에 어린아이가, 기쁨과 활력이 남아 있다는 걸 만천하에 드러내 보이는 거지. '난 모차르트를 좋아해'라고 말하는 건 소리 높여 외치는 거야. 웃고 싶다고, 놀고 싶다고, 달리고 싶다고, 풀밭을 데굴데굴 구르고 싶다고, 하늘에 입을 맞추고 싶다고, 장미를 쓰다듬고 싶다고. '모차르트'라는 말은 넘치는 활기를 뜻해. 뜀박질하는 다리, 두근거리는 심장, 윙윙거리는 귀, 어깨를 뜨겁게 끌어안는 햇볕, 가슴을 스치는 린넨 셔츠…… 한마디로 산다는 기쁨을 뜻하지.

형은 내게 행복해지는 법을, 한순간 한순간을 제대로 맛보며 사는 법을 가르쳐줬어. 별것 아닌 일에서도 상큼한 딸기맛이나 귤맛을 보게 해줬지. 〈아이네 클라이네 나흐트무지크〉, '소야곡小夜曲'이라니? 제목을 바꾸고 싶어. '대광곡大光曲' 쯤으로. 우리의 삶을 기쁨에 찬 노래로 들려주잖아. 물론 그 노래 속엔 고통과 불행도 함께하지. 진정한 행복은 불행을 멀리하는 데 있는 게 아니라, 불행을 받아들이는 데 있는 거니까.

내가 왜 그렇게 부끄러워했는지……. 처음엔 형을 좋아하게 된 것이, 그 후론 계속해서 형을 좋아하고 있는 것이 부끄러웠지. 내 자신이 조금도 변하지 않는 것이.

　지금은 남몰래 속삭이지 않아. 소리를 지르지. '난 모차르트를 좋아해!' 라고. 여기서 '모차르트'는 형의 이름이 아냐. 하늘이며 구름이며 어린아이의 웃음이며 고양이의 눈, 그리고 내가 좋아하는 이들의 얼굴이며 기타 등등이지. 일종의 암호라고 할 수 있어. 사랑과 감탄과 놀라움을 불러일으키는 것들, 당혹스럽고 마음 아프게 하는 것들, 이 세상의 모든 아름다운 것들을 가리키는 암호.

　나는 이제 삶의 편에 서 있어. 이렇게 단순해지는 데 얼마나 오랜 시간이 걸렸는지.

　형, 사랑해.

　*추신. 언젠가는 나도 세상을 떠나겠지. 그때 어떤 음악이 좋을까? 형의 작품들 중에서 한 곡 골라줘. 너무 슬픈 음악, 장례식 냄새가 풀풀 나는 음악은 싫어. 형이 뭘 골라줄지 궁금한데?

CD-16
오페라 《마술피리》, K.620
제1막, 타미노와 파파게노와 세 시녀들의 오중창 중에서

시녀들
  잘 생기고 온순하며 영리한
  세 소년을 길 가다 만나게 될 거예요.
  길잡이가 되어줄 테니
  믿고 따르도록 하세요.


타미노와 파파게노
  잘생기고 온순하며 영리한
  세 소년을 길 가다 만나게 된다네.


시녀들
  길잡이가 되어줄 테니
  믿고 따르도록 하세요.

다함께
 안녕, 이제 헤어져야겠네요.
 안녕, 잘 있어요, 다시 만날 때까지.

□ 옮긴이의 말


　너무나 괴로운 순간, 말 그대로 죽고 싶은 순간, 한 곡의 음악 혹은 한 점의 그림이 위안이 되어줄 때가 있습니다. 예술을 통한 심리치료라고 할까요. 작가 에릭 엠마뉴엘 슈미트는 자신의 이러한 체험을 모차르트와 주고받는 편지형식으로 이야기하고 있습니다.
　이미 완성되어버린 자신의 몸을 바라보며 지금부터 삶은 죽음에 이르는 길이라는 비관적인 생각에 잠긴 열일곱 살 사춘기 소년 슈미트. 소년은 그 허무한 결말을 하루라도 더 앞당기기 위해 자살을 꿈꿉니다. 그러던 중에 우연히 오페라 〈피가로의 결혼〉에 나오는 아리아를 듣게 되는데, 그 순간, 모든 비관적인 생각이 눈 녹듯이 사그라지는 것을 느낍니다. 이른바 '위대한 예술적 체험'을 하게 된 것이지요. 앞으로 모차르트와 '격렬하고 감동적이며 아름다운 순간들'을 함께 하게 되리라는 것을 알아차린 소년은 틈나는 대로 '모차르트 형'에게 편지를 씁니다. 무슨 일이 닥칠 때마다 도움을 청하지요. 그러면 신통하게도 꼭 알맞은 음악 답장이 날아오고, 그렇게 해서 소년은 조금씩 조금씩 모차르트의 음악을 알아갑니다. 인간의 감정을 순식간에 있는 그대로 드러내는 음악, 그리하여 머리가 아니라 마음에 직접 와 닿는 음악이 바로 모차르트의 음악이라는 것을. 소년이 자라 어른이 되고, 소설가로 극작가로 성공하고 나서도 이 '글 편지'와 '음악 편지' 주고받기는 계속됩니다. 한때 끊어진 적도 있긴 했지요. 소년 슈미트가 청년 슈미트로 변모한 후 지적인 허영에 물들어 있던 시절, 그래서 쉽고 유쾌하고 다정한 모차르트를 뻔하고 시시하고 유치하다고 여겼던 시절에는.

모차르트와 편지를 주고받는 것은 슈미트에게 있어서 음악을 알아가는 과정일 뿐만 아니라, 인생의 지혜를 터득하는 과정이기도 합니다. 또한 작가로서 성숙해가는 과정이기도 하지요. 그는 크리스마스를 앞둔 어느 날 성당 앞에서 〈아베 베룸 코르푸스〉를 들으면서 크리스마스의 진정한 의미를 깨치는가 하면, 에이즈로 고통받는 친구들을 병문안하고 나서는 클라리넷 협주곡을 들으면서, 또 사랑하는 여인을 잃은 후에는 바이올린 협주곡을 들으면서 고통 속에 숨어 있는 삶의 기쁨을 누릴 수 있는 지혜, 죽음을 슬퍼하면서도 삶을 찬미할 수 있는 지혜를 얻습니다. 그리고 그 지혜가 모차르트 자신의 삶, 즉 치통을 비롯해 온갖 병마에 시달리며 식구들을 먹여 살리느라 동분서주했던, 한마디로 고통과 시련의 연속이었던 삶에서 비롯되었다는 것을 깨닫게 되지요. 모차르트의 음악은 진창 속에서 피어나는 한 송이 연꽃처럼 고통에서 비롯된 기쁨이라는 것을.

곁에 있는 사람조차 위안이 되지 못하는 순간에 마음을 달래주는 한 곡의 음악, 그러나 그 음악조차 인간이 만든 것이라는 역설을 작가는 모차르트와의 편지 주고받기를 통해 보여주고 있습니다. 음악 덕분에 절망의 구렁텅이에 빠지지 않고 목숨을 건졌지만 음악 그 자체에 매몰되어 인간을 잊어버리거나 하는 일 없이 오히려 '휴머니스트'로 거듭났던 자신의 경험을 통해. 그리고 그것이 진정한 음악의 힘, '사람을 구하고 평화를 가져오며 혁명을 일으키는 힘'이라고 이야기합니다.

어린아이처럼 순수한 마음을 가진 이들만 믿을 수 있는 힘, 음악의 힘. 이제 모차르트의 음악에 맞춰 춤을 춰보시지 않겠습니까? 아무것도 걸치지 않은 맨몸뚱이로, 구름처럼 가볍게, 고양이처럼 사뿐사뿐…… 아다지오에서 알레그로 비바체로.

김민정

## □ 모차르트 CD 차례

1. 오페라 《피가로의 결혼》, K. 492
   제3막, 백작 부인의 아리아 〈아름다운 시절은 가고〉

2. 오페라 《피가로의 결혼》, K. 492
   제1막, 케루비노의 아리아 〈난 모르겠네, 내 자신을〉

3. 오페라 《피가로의 결혼》, K. 492
   제4막, 바르바리나의 카바티나 〈잃어버렸네〉

4. 아베 베룸 코르푸스(Ave verum corpus), K. 618
   찬양하라, 거룩하신 몸

5. 클라리넷 협주곡 A장조, K. 622
   제2악장 아다지오

6. 아이네 클라이네 나흐트무지크(Eine Kleine Nachtmusik), K. 525
   제4악장 론도 알레그로

7. 바이올린 협주곡 3번 G장조, K. 216
   제2악장 아다지오

8. 오페라 《코지 판 투테》, K. 588
   제1막, 삼중창 〈부디 바람이 잠잠하길〉

9. 현악 4중주 15번, K. 421
   D단조, 제1악장 알레그로

10. 미사곡 C단조, K. 427
    〈사람의 몸으로 태어나셔서〉

11. 피아노 협주곡 21번 C장조, K. 467
    제2악장 안단테 칸타빌레

12. 오페라 《마술피리》, K. 620
    제1막, 파미나와 파파게노의 이중창 〈사랑의 목표는 고귀한 부부로 알려지는 것〉

13. 오페라 《마술피리》, K. 620
    제1막 중 피날레

14. 오페라 《마술피리》, K. 620
    제1막, 타미노와 파파게노와 세 시녀들의 오중창 중에서

15. 오페라 《마술피리》, K. 620
    제2막, 피날레 중에서

16. 오페라 《마술피리》, K. 620
    제1막, 타미노와 파파게노와 세 시녀들의 오중창 중에서